面白いほどよくわかる！

犯罪心理学

目白大学教授
内山絢子 監修
Uchiyama Ayako

西東社

はじめに

テレビ、新聞、そして最近ではインターネット上にと、ほとんど毎日、さまざまな犯罪が報道されています。重大な事件であればあるほど、この犯罪がなぜ起こったのか、犯人はどのような人なのだろうと多くの人々が関心を持ちます。

犯罪心理学は、さまざまな犯罪に関する内容を対象とする心理学の一領域です。その中でも、なぜこのような事件が起こったのかとか、犯罪者がなぜ犯罪を行ったのかという犯罪の原因や動機、社会的背景に多くの関心が集まっています。

初期の研究においては、犯罪を起こす人々が特殊な階層の特殊な人々であるという暗黙の前提のもとに研究が進められていたようで、犯罪者となる負因をどこに求めるかに関する研究が多かったと感じます。そのため、類型論による分類等の研究が多くなっていたと考えられます。本書の中でも、類型論を多く紹介していますが、現在では、必ずしも当てはまらないものも少なくありません。犯罪は、犯罪者の資質だけではなく、犯罪機会や状況など環境要因により発生することが解明されるようになって、近年では、どちらかといえば、犯罪者の資質よりも生育環境・状況要因が大きな役割を果たすようになってきており、その面の研究が盛んに行われるようになっています。たとえば、犯罪者になるには、悪い遺伝負因を持って生まれてきたからではなく、誕生直後から虐待を受けてきたために犯罪者になってしまったのだと考えるようになってきたという考え方がその一例です。その背景要因は、時代背景を抜きにしては語ることはできません。ある時代には犯罪視されていたものが非犯罪化されることもあれば、その逆もあります。インターネットの登場とともに犯罪として登場してきたものもたくさんあります。ここでは、そのすべてを網羅できていないのは残念です。

犯罪心理学は、法学に比べると新しい学問領域なので、警察・矯正施設・家庭裁判所を除いては、心理学の活躍の場が少なかったのですが、最近では、裁判の場面などでも、証言の正しさの検証や裁判を円滑に進めるための方策などで心理学が使われるようになりました。また、各種機関における犯罪者の処遇や予防に関する施策の評価、そして犯罪を起こした人だけでなく、犯罪の被害に遭遇した人々に対して被害に遭った方々の負担を軽減し、立ち直りを支援するための方策に関する研究も行われるようになってきました。

まだ十分とは言えませんが、少しずつ犯罪・犯罪者・被害者への理解が進んできているのではないでしょうか。この本が理解のための一助になれば幸いです。

内山絢子

もくじ

第1章

犯罪者はなぜ生まれるか

31〜60

第2章 殺意と殺人が起きるわけ

61〜84

第3章 性犯罪を起こす心理

85〜106

第4章 騙し、騙される心理

第5章 家族間で起こるDVと虐待

123〜138

第6章 少年非行に潜む心の闇

139〜172

第7章 さまざまな犯罪の心理

第8章 罪を裁くことと矯正・更生の行方

第9章 犯罪心理学とは

MEMO OF CRIME

プロローグ

犯罪とは何か

加害者・被害者・裁定者、そして社会との関わり

01 犯罪は法律で禁じられている行為

社会に悪影響を与えることを心の中で思うだけでは「犯罪」にはならない。

向社会的行動の対極にある行動

犯罪とは、広辞苑（第6版）によると、「罪を犯すこと。また、犯した罪」とあります。あるいは、「刑罰を定めた諸規定の犯罪構成要件に該当する、違法・有責な行為」とあります。

では、罪とは何でしょうか。広辞苑には「社会の規範・風俗・道徳などに反した、悪行・過失・災禍など」とあります。

つまり、犯罪とは、**「法を犯す行為」**ということができます。社会に悪影響を与える行動とは、家族や隣人、学校、会社、さらに大きな社会と、人が関わるさまざまな社会に対して、困った影響や悩ませる影響、苦しませる影響を与える行動です。

一方で、人によい影響を与える行動や喜ばれる行動は、誰しも歓迎すべきものでしょう。社会がみんなこのような人たちで構成されていれば、世界平和が実現するかもしれません。それは大げさだとしても、そのような**社会によい影響を与える行動は、向社会的行動***（**順社会的行動**）と呼ばれます。

その対極にあるのが「反社会的行動（犯罪非行）」というわけです。反社会的行動は、第三者を攻撃する行動です。

「行動」に出なければ犯罪ではない

しかし、**社会に悪影響を与えることも、行動せずに心の中で思っているだけなら犯罪にはなりません**。例えば、「あのバッグが欲しい。でも

＊**向社会的行動**　反社会的行動・非社会的行動の反対。他者の身体的・心理的幸福に配慮し、自由意志から他者に恩恵を与えるために行う行動のこと。

お金がないから盗めないかしら」とか、「あいつが憎い。殺してやりたい」と思っても、行動に移さなければ、おとがめを受けることはありません。単に主観的な世界のことでしかないのです。

つまり、**「社会」に対して「行動」を起こして初めて、犯罪となります**。そうした思いが外に現れ、言葉に出したり、他者に対して行動に移してしまったりしたとき、社会に悪影響を及ぼすことになるからです。

言い換えるなら、犯罪もある側面から見た1つの**社会的行動**であるといえます。

向社会的行動と反社会的行動

社会によい影響を与える行動が向社会的行動であり、反社会的行動は、第三者を攻撃する行動です。

向社会的行動

↓

社会によい影響

反社会的行動

↓

社会に悪影響

02

犯罪には加害者と被害者が存在する

犯罪者の立場だけでなく、「人はなぜ被害に遭うのか」も重視され始めた。

加害者―被害者関係があって成立

加害者*は犯罪者であり、**被害者**はその犯罪によって被害を受けた者のことです。「殺す」「盗む」「騙す」などの犯罪行為には、必ず相手（被害者）が存在します。この**「加害者―被害者」関係があって、初めて犯罪は成立します。**

つまり、犯罪のことを研究するなら、この両者の関係性やそれぞれの心理を十分に理解する必要があります。しかし、犯罪研究の歴史をひも解くと、**「人はなぜ犯罪行動を起こすのか」**といった加害者側の心理や行動（加害行動）の研究が盛んで、その促進に学者たちはいそしんできました。犯罪捜査や刑事手続き、司法においてもそれは同じでした。

被害者学が注目され始める

そのような中、ようやく**「人はなぜ被害に遭うのか」**といった被害者側からの研究が始まりました。**初めて犯罪被害者に注目し、「被害者学」***の概念を提唱したのはドイツの犯罪学者ヘンティッヒ**（▶P63）です。彼は1948年に犯罪者と被害者の関係を研究し、論文にまとめて発表しました。

加害者と被害者の関係は単純ではありません。加害者と被害者が犯行以前から関係があったり、被害者の行為が加害行為を誘発しているケースもあるのです。もちろん、すべてがそうではありませんが、だからといって被害者の存在を軽視することはできません。

＊**加害者**　他者に対して加害行為を行った者。刑法学では「行為者」と呼ぶことが多い。刑事訴訟、刑事訴訟法では「犯人」と呼ぶ。

被害者の行動や生活を探ることが、犯罪捜査や司法においても役立つとともに、近年は、特に**被害者の保護や人権擁護のために被害者学の必要性が高まっています**。被害者や被害者家族は、犯罪に巻き込まれたことで、身体的、心理的、経済的、社会的に大きな損害を被ります。つまり、**「二重の被害（二次被害）」**に遭うことになるのです。そうした意味でも、被害者の救済を叫ぶ声が高まっているのです。

ちなみに、カウンセラーが被害者から話を聞くことによって受けるストレスなども二次被害に含まれます。

犯罪には加害者と被害者がいる

犯罪は、加害者－被害者の関係で成り立ちます。その両者ともに、犯罪研究の対象でなければなりません。

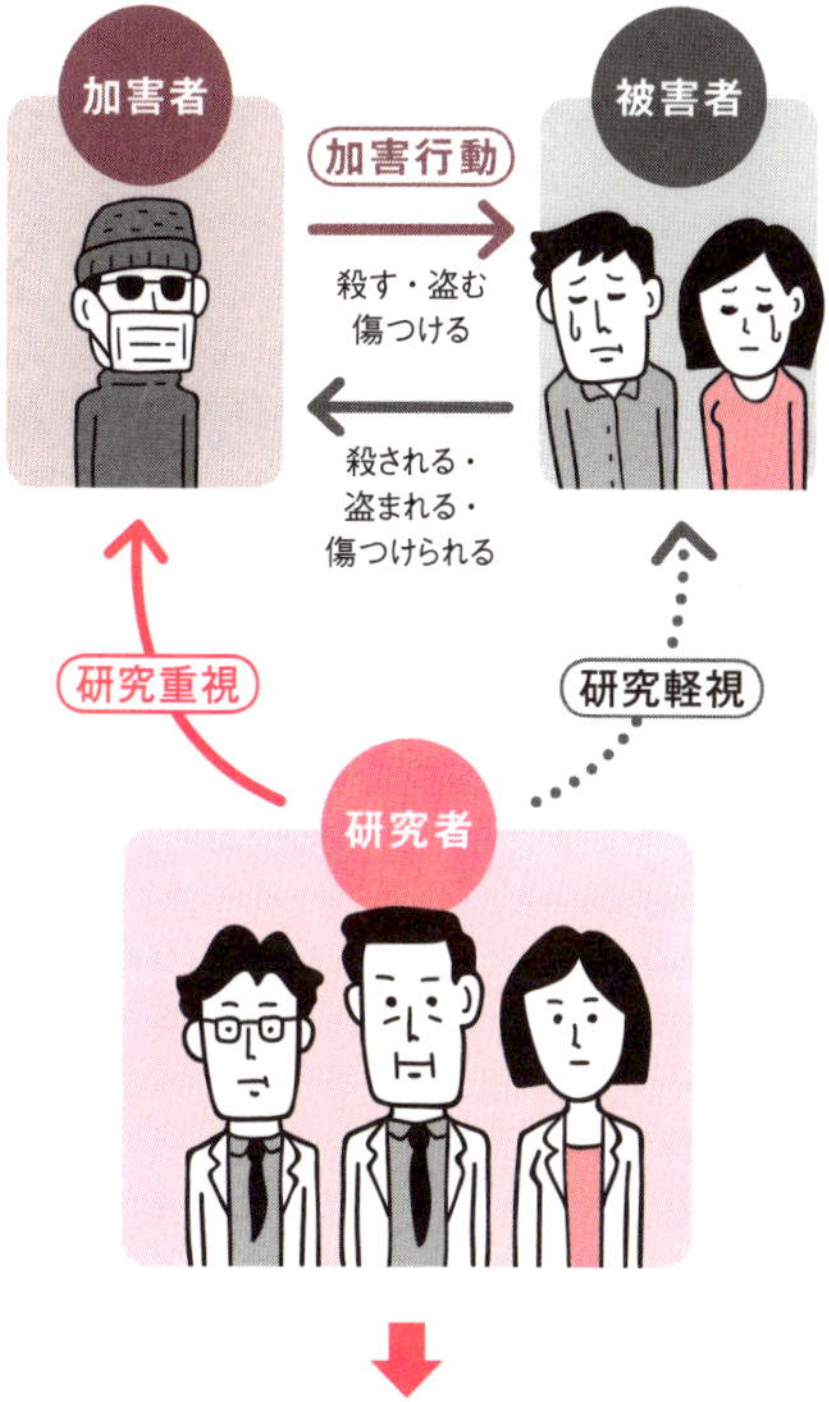

現在は「被害者学」の重要性が叫ばれている。

＊**被害者学**　被害者学の発展とともに「人はなぜ被害に遭うのか」から「どのような人が被害に遭うのか」という問いに変わり、現在では被害者救済論や被害者政策論がおもに議論されている。

03 高まる犯罪被害者への支援

「二重の被害」を受ける犯罪被害者の救済策が法律で定められた。

被害者にとっての犯罪は終わらない

マスコミや世間も、犯罪が起こると、被害者よりも加害者に大きな注目が集まり、どのような人間が犯罪を起こしたかについて論じられるのが常でした。**刑法***において**も、犯罪は国と加害者の関係で扱われていて、被害者の存在は事件の立証のために存在してきた**といっても過言ではないでしょう。

しかし、犯罪は、あくまで加害者と被害者があって成り立つものです。裁判で一応の決着がついたとしても、**被害者にとっては犯罪は終わっていない**と感じることが多いのではないでしょうか。前項で、犯罪被害者への関心の高まりと、被害者学の始まりについて述べました。

こうした流れから、最近は**「二重の被害（二次被害）」に遭う犯罪被害者の救済や支援**に目が向けられるようになっています。

法律で「犯罪被害者の権利」を明記

司法においては、2000年に「犯罪被害者等の権利利益の保護を図るための刑事手続に付随する措置に関する法律」が成立し、2004年には**犯罪被害者等基本法**が成立しました。後者の法律では、犯罪被害者やその家族を守るための基本理念が示され、**「犯罪被害者の権利」**が明記されました。さらに、犯罪被害者の問題解決を図ることが国、地方公共団体、国民の責務だとしたのです。そして、刑事裁判では蚊帳《かや》の外だった犯罪被害者が「参加」することを可能

＊**刑法**　犯罪と、それに対する刑罰の関係を定めた法律。刑事訴訟法は、捜査・裁判（公判）をどのように遂行すべきかといった刑事手続きについて定めた法律。

にしました（機会拡充）。
この法律の成立によって、国や地方行政、各種団体も、被害者やその家族が、被害を回復・軽減し、再び平穏な生活を営むことができるようにする取り組みに力を入れるようになっています。全国被害者支援ネットワーク（ＮＰＯ法人）や各地の被害者支援センターなどが設置され、犯罪被害者の相談・カウンセリングや生活援助、シェルター（▶P138）の提供などの活動が行われるようになりました。警察庁でも犯罪被害者支援室を設置し、被害者等の相談などに応えるようになっています。

犯罪被害者等基本法とは

犯罪被害者やその家族を守るための基本理念が示された法律です。国・地方公共団体が講ずべき基本的施策も掲げています。

基本的施策

1. 相談および情報の提供
2. 損害賠償の請求についての援助
3. 給付金の支給に係わる制度の充実等
4. 保健医療サービス・福祉サービスの提供
5. 犯罪被害者等の二次被害防止・安全確保
6. 居住・雇用の安定
7. 刑事に関する手続きへの参加の機会を拡充するための制度の整備

など

↓

被害者やその家族が、被害を回復・軽減し、再び平穏な生活を営むことができるようにするのが目的。

04

第三者「裁定者」の登場

被告人の有罪・無罪を決し、刑罰の種類を決めて償いをさせるのは裁定者。

刑罰を与える第三者が必要

犯罪とは、「社会に悪影響を与える行為」であるとともに、「刑罰を定めた諸規定の犯罪構成要件に該当する、違法・有責な行為」（広辞苑）です（▶P14）。

刑罰（▶P22）とは、犯罪に対する制裁として、国あるいは地方自治体によって犯罪者に科せられる法益の剥奪をいいます。わかりやすく言えば、**有罪の判決を受けた人に対して、その人の自由や財産を強制的に奪うこと**です。時には生命を奪うこともあります（死刑）。

刑罰を与える前には、その人が有罪であるか、無罪であるかを判断しなければなりません。こうした一連の流れを行うには、**加害者でも被害者でもない、「第三者」**が必要となってきます。そこで登場するのが**「裁定者」**です。

裁定者によって判断が異なることも

裁定者は、被告人が犯した行動に対して「これは問題行動である。償う必要がある」といった**裁定（認定）を下す役割**を持っています。

裁定者は**裁判官**であり、**裁判員**（▶P208）です。いくら法律によって裁くといっても、裁く裁判官も裁判員も、あくまで人間です。1人ひとり価値観が違って当然です。だからといって裁判官の個性によって判断が変わることは原則としてありません。そのために一定の公平性が保たれています。

実際、裁判の決定に納得できず、上級の裁判所に不服申し立てをする（控訴[*]）と、次の裁判によって新たな裁判官が前の判決と異なる判決を下すこともあります。

法律は、その裁定にできるだけ公平性を持たせるための規範ですが、それを基に判断するのは人間です。そのため、判断のしかたに齟齬《そご》をきたすことがあるのもうなずけます。

ちなみに、裁定を下すときに参考とされるものに**判例**があります。判例とは先に行われた裁判での結論です。この判例を、**その後に行われる裁判の規範として利用します**。つまり、判断基準の1つとして利用するのです。

加害者、被害者、裁定者の関係

犯罪などの問題行動を考えるときは、犯罪に直接関係する加害者と被害者のほかに、第三者である裁定者が必要となります。

- 有罪か無罪かを決定する。
- 刑罰の種類を考え、決定する。

＊**控訴**　「控訴」は第１審に対する不服申し立て、「上告」は第２審に対する不服申し立てのこと。「控訴」と「上告」は「上訴」ともいう。上訴は、必ずしも認められるものではない。

05

刑罰を科す意味とは

刑罰を決定する裁定者は、犯罪者の社会復帰まで視野に入れて考えるべき。

犯罪者の将来に目を向ける教育刑論

成人が行った犯罪は刑事処分の対象とされ、**裁判官および裁判員**（▶P208）**は、被告人を有罪にするときには、量刑（刑罰の種類や重さ）も決めなければなりません。**この決定は刑法（▶P18）に基づいて行われます。

なぜ刑罰*を犯罪人に与えるのでしょうか。それにはまず2つの考え方があります。1つは**目的刑論**で、もう1つは**応報刑論**です。目的刑論は、犯罪人の将来に目を向けて、犯罪人の再犯防止のために科せられるべきという考え方です。そして、目的刑論には**教育刑論**があり、受刑者を教育・改善し、社会復帰ができるようにすることを主旨としています。

さらに教育刑論は**一般予防論**（一般人の犯罪を抑止する効果を期待するもの）と**特別予防論**（刑罰を受けた者が再犯行動をとらないように抑止する効果を期待するもの）に分類されます。前者は、犯罪を起こせば刑罰が与えられるということを広く知らしめられれば、他の一般人が罪を犯すのを思いとどまらせることが期待できます。後者の場合、当人に刑罰によって反省を促し、それとともに一定の矯正教育（▶P210）を施すことで再犯を防ごうとするものです。

応報刑よりも再犯防止を重視

一方、応報刑論は、「**罪に対して報復をする目的**」とする考え方で、「目には目を、歯には歯を」の言葉に代表されます（▶P65）。つまり、

＊**刑罰**　その種類は、生命刑（死刑）、身体刑、自由刑（▶P210）、追放刑、財産刑、名誉刑（名誉・身分の剥奪）などに分類できる。近代社会では身体刑はほぼ廃止されている。

犯罪に対しては、それに見合った苦痛を与えるという考え方です。しかし、そうした考え方の下に刑罰を与えても、犯罪者の改善や更生を期待できるとは思えません。かえって改善・更生の妨げになることも考えられます。

犯罪者が刑期を終えて社会に復帰するとしたら、「応報」よりも、その人が**再び罪を犯さないように教育・支援していくことこそ重要**ではないでしょうか。例えば、長く服役させれば生まれ変わるという単純なものではないのです。裁定者は、刑罰を考えるとき、必ず犯罪者の社会復帰まで視野に入れるべきでしょう。

刑罰を科す意味

教育刑論には、一般予防論、特別予防論があります。報復を目的とする応報刑は社会的秩序の崩壊につながると考えられています。

一般予防論

一般人の犯罪を抑止する効果を期待するもの。犯罪を起こせば刑罰が与えられることを知れば、罪を犯そうと思わなくなる。

やっぱり
やめておこう

特別予防論

刑罰を受けた者が再犯行動をとらないように抑止する効果を期待するもの。当人に反省を促し、矯正教育によって再犯を防ごうとする。

もうここには
戻ってこないぞ

犯罪報道のあり方と現状

一般市民の知る権利に応えるマスメディアの報道は、しばしば過熱傾向に。

過熱報道に人々の不安が煽られる

一般市民の多くは、テレビや新聞、インターネットなどの報道で事件を知ります。そして、大事件であればあるほど、私たちはその事件の行方を知りたくなります。それは、近辺で起きた凶悪事件なら自分の安全を確保したいからであり、そうでない場合は犯罪被害者に対する同情であったり、犯罪加害者に対する興味であったりします。

マスメディア側も、凶悪犯罪やショッキングな事件であれば大々的に取り上げ、繰り返し報道します。特に**テレビの過熱報道に接するうちに、視聴者側に過剰な恐怖と不安を感じさせてしまう**ことがあります。実際、2004年に内閣府が行った「治安に関する世論調査」では、治安に関心を持ったきっかけとして「テレビや新聞でよく取り上げるから」が83・9％と最も多かったのです。

このように、一般市民に過度の不安を与え、実際ではそれほどではないのに、治安の悪化を体感させてしまう状態を**モラル・パニック***といいます。

報道が社会的制裁を加えることも

マスメディアには憲法で「**表現の自由**」が保障されています。「表現の自由」は、国民の「**知る権利***」によって支えられていますが、何でも報道してよいというわけではありません。犯罪被害者のプライバシーや特殊な事情は考慮

＊**モラル・パニック**　特定の集団や人を、社会的秩序を脅かす存在と見なし、彼らを取り締まるべき、あるいは排除すべきとする感情が多数の人々に巻き起こること。

しなければなりませんし、被害者や容疑者を**実名報道**するか**匿名報道**するかも問題です。

例えば、容疑者（被疑者であり、まだ容疑は確定していない）の実名を明らかにし、生い立ちをつまびらかにしていく報道は、**裁判よりも先に犯罪者に社会的制裁を加えてしまう**こともあります。これなどは「知る権利」対「社会的制裁への情報提供」という構図を見ることができます。

また、**犯罪被害者を追いかけ回し、報道することによって、犯罪被害者を「二重の被害（二次被害）」に遭わせてしまう**ことも少なくありません（▶P17）。**犯罪被害者等基本法**（▶P18）が制定されてからは、メディアにも犯罪被害者への配慮が少しずつ浸透してきているとはいえ、まだ十分ではありません。

最近では逆に被害者の怒りや悲しみをクローズアップさせて報道し、視聴者の同情を高めるとともに、容疑者や犯罪者への憎悪を増幅させるケースも増えてきているように感じます。

このような現状から、視聴者側も、冷静な視点で犯罪報道を受け止めることが大切ではないでしょうか。

MEMO OF CRIME

推定無罪――疑わしきは罰せず

「疑わしきは罰せず」は、刑事裁判における原則であり、裁判官の側から表現した言葉です。つまり、「何人も有罪と宣告されるまでは無罪と推定される」ことであり、これを当事者側から表現した言葉が「推定無罪」です。

この原則は、1789年のフランス人権宣言で最初に規定され、現在では国際人権規約にも明文化されています。つまり、近代刑事訴訟の大原則となっているのです。しかし、日本のマスメディアは、逮捕＝犯罪者、逮捕＝有罪というニュアンスで報道することが多いのが現状です。そのため、無罪判決や誤認逮捕が判明しても、事実無根の偏見を持たれる場合があります。

＊**知る権利**　「表現の自由」から派生した権利。国などに対して情報の提供を求める権利（積極的権利）と、国民が国家の妨害を受けずに自由に情報を受け取る権利（消極的権利）がある。

07 犯罪に不安を抱く人々の心理

人々は、常識を越えた異常事態の発生に不安を抱き、明快な答えを求める。

日常の平穏を壊す重大事件に不安

犯罪心理学は、「犯罪者の心理を解き明かす学問」ではありません。犯罪者の心理はもちろんですが、犯罪によって被害を受ける人（犯罪被害者）や、裁判の過程やあり方、犯罪者の矯正や防止など、さまざまな研究対象が含まれています。さらに、犯罪者でもない、被害者でもない、直接犯罪に関わってはいない社会の人々の心理も関係してきます。犯罪は、それだけ世の中に大きな影響を及ぼしているのです。

私たちは**日々の生活を、災害や犯罪のない平穏な日常を送ることを前提として過ごしています**。多くの人を巻き込む大きな災害や重大犯罪が起きれば、人々は「自分が犯罪に遭うかもしれないという不安*を抱きます。

そして、その犯罪が一般の人々の想像を超えるものであればあるほど、どんな人がその犯罪を起こしたのか、また同じような犯罪が起こるのではないか、自分もそうした犯罪に巻き込まれる被害に遭うのではないか、などと心配になり、早く犯人を捕まえてほしい、原因や理由を究明してほしいなどの解決策を求めるようになります。

規範からの逸脱行為の解明を望む

そうした、日常に予測できない異常な事態とは、一般的な基準や集団の約束事、つまり規範*から逸脱した事態と考えられます。プロローグ冒頭でもお話ししましたが、犯罪とは、「**法を**

＊**不安**　不安が繰り返し心の中に浮かび強い苦痛を起こすと、強迫観念や強迫行為が起こる。この状態を強迫性障害という。強迫性障害には、加害不安、被害不安などもある。

犯す行為」といえます（▶P14）。私たちが通常考えている**規範から逸脱した行動が、犯罪となって現れる**ともいえるでしょう。

　そして、異常事態を起こした人の行動や考え方は、一般人が考える規範から逸脱しているからこそ、人々には不可解なこととして捉えられます。人々は、その**事態が不可解だからこそ、不安を感じる**のです。

　また、なぜそうした事態になったのか、その理由を早く知らせてほしいと思います。早く知って、明快な解決や答えを求めることで、不安を解消し、安心したいと思っているのです。

犯罪に不安を抱く心理

人々は、人々が考える規範を越えた犯罪を知ると、漠然とした不安を抱き、その原因を知り、明快な答えを得たいと思うようになります。

平穏な日常

重大事件発生

不安に駆られる

事態の詳細を知りたい

＊**規範**　一般的な基準、標準、平均など。行動や判断の基準となる模範（手本）。また、集団の約束事なども指す。法律は、国家における規範に基づいている。

08

「しろうと理論」が陥る危険性

「しろうと理論」は経験に基づいた主観論が多い。複雑さも避けようとする。

誰でも独自の理論を持っている

前項でも述べたように、人々は、異常事態である犯罪に対して、説明を求めたがります。不可解な状況や曖昧さに耐えられないからです。そして、自分自身も、事件に対して「愛情のない家庭に育ったんだな」とか「エリート家庭だからこその犯行だよ」などと、犯罪の原因について議論したりします。つまり、私たちは、**心理学者や専門家でなくても、誰もが独自の理論を持っている**といえます。

こうした人間に関する人々の独自の理論は、近代科学が進んでいく過程で消えていったさまざまな「迷信*」などとは違って、一層活発に語られます。人は経験を積めば積むほど、そして、いろいろな専門家の解説などを見聞きすればするほど、何の根拠もない独自の理論を確立していき、語りたくなるのです。このような理論を、「**しろうと理論**」と呼びます。

「しろうと理論」は単純化が好き

「しろうと理論」は、どんな場所でも、どんなトピックについても、さまざまに語られますが、その多くは単純な因果関係から成り立っています。**物事を単純化した図式に当てはめ、それに当てはまらないものは排除**してしまいます。つまり、「しろうと理論」は複雑さを避けようとします。犯罪心理も、「これが原因だ。だからこうなる」と、決めつけることができれば、一応の納得（すっきり感）ができます。マスメ

＊**迷信**　俗信ともいう。人々に信じられているが、合理的な根拠のないもの。「黒猫が前を横切ると、悪いことが起きる」など、多くの場合、人間の行動とその結果を表す。

ディアの報道に対しても、単純な説明に納得してしまうのもそのためかもしれません。

　また、**自分の仮説には合わない事例は見て見ぬ振り**をするという特徴もあります。例えば、持論を覆すような事実や状況が出てきたとき、「それは例外的なケースだね」などとお茶を濁そうとするのではないでしょうか。あくまで自分の論理は正しいと主張したいのです。このような状況を**選択的確証**といいます。

　さらに、「しろうと理論」は、その人の**経験に基づいた主観的な理論**でもあります。例えば、男性と女性とでも考え方は違うでしょうし、育った環境によっても、それぞれの理論はまったく違ったものになるはずです。

「しろうと理論」は、「どうせ素人の言うことだから」と軽視することはできません。たとえその理論が間違っていても、自信たっぷりに論じられれば、それに左右される人も多いでしょう。例えば、性犯罪の被害者に対して流布している「強姦神話」（▶P89）はその1つであり、被害者をさらに傷つけることになります。

　また、**犯罪者自身も「しろうと理論」を持っています。その理論で自分自身を納得させ、犯行に及ぶこともある**のです。

MEMO OF CRIME

しろうと理論とくろうと理論の比較

　イギリスの社会心理学者ファーナムは、「しろうと理論」と「くろうと（玄人）理論」を以下のように対比しました。

しろうと理論	くろうと理論
● 曖昧で整合性がない	● 整合的で首尾一貫している
● 確証する証拠を探しがち	● 反証可能性が開かれている
● 一方向の因果関係を想定しがち	● 一方向、逆方向、双方向の因果があることに注目
● タイプ分けに留まることが多い	● 過程やメカニズムの解明を目指す
● 特殊的	● 一般的

TOPICS 1

被害者が加害者に同情する ストックホルム症候群

1973年、スウェーデンの首都ストックホルムで銀行強盗の立てこもり事件が発生しました。仮釈放中だった加害者が、4人の銀行員を人質に取り、現金と、刑務所に服役中だった銀行強盗犯の釈放を要求しました。この立てこもりは5日間に及び、最終的には死者を出すことなく逮捕に至りました。

しかし、人質解放後の調査で、人質が犯人に協力して警察に銃を向けるなど警察に敵対する行動をとっていたことが判明しました。さらに、人質解放後も人質が犯人をかばう証言をしたり、人質の1人が犯人と結婚する事態も起こりました。

加害者によって恐怖に支配された状況では、加害者に反抗心や嫌悪を抱くよりも、協力や信頼、好意で応じたほうが生存確率が高くなるため、そうした態度をとることもあります。非現実的な状況下に置かれ、通常の感情や感覚が麻痺することもあるでしょう。また、加害者に依存するような気持ちが生まれることもあります。

この事件から、犯罪被害者が犯人と一時的に時間や場所を共有することで、犯人に過度の同情や好意等を感じることをストックホルム症候群と呼ぶようになりました。

第 1 章

犯罪者は なぜ生まれるか

01

犯罪者の研究の移り変わり

犯罪者の追究は人類学から犯罪社会学へと移行。

犯罪人類学と生来性犯人説

犯罪心理学の発展の過程については、第9章で詳しく述べますが、最初に犯罪者の特徴を知ろうとしたのは、犯罪人類学者でした。**犯罪人類学**とは、約200年前から始まったもので、当時は、**犯罪者には身体上にある種の特徴があるとし、その容姿の特徴によって犯罪者を決定する**ことを追究する学問でした（▶P230）。

犯罪人類学の確立を果たしたのがイタリアの精神科医**ロンブローゾ***です。彼は骨相《こっそう》学者と同じように多くの犯罪者の頭蓋骨を調べ、その形態から犯罪者の共通点を見出そうとしました。また、**犯罪者の家系調査**まで行い、生得的実証でつかもうとしました。そして、「犯罪者とは、生まれたときからそうなる運命にあって、退化した遺伝子を持った人間である」という**生来性《せいらいせい》犯人説**を唱えるに至ったのです。

犯罪人類学から犯罪社会学へ

このような突飛で、説得力に欠ける学説が容易に受け入れられるはずはありません。結局、犯罪人類学はこじつけにすぎないという非難を浴びることになります。確かに、生来性犯人説は、社会的な要素や環境的な要素を一切排除した一方的なもので、信用に足るものではありません。

しかし、この生来性犯人説を含めた犯罪人類学は、後の染色体異常などの**遺伝子学の発展に大きく貢献した**ことは事実といえるでしょう。

＊**ロンブローゾ**　チェーザレ・ロンブローゾ（1835～1909）。イタリアの精神科医で、犯罪人類学の創始者。犯罪学の父とも呼ばれる。生来性犯人説で有名。

そして、犯罪人類学は**犯罪生物学**へと継承されていきます。

犯罪人類学が提唱する宿命論に対抗するように発展したのが**犯罪社会学**です。フランスの法医学者**ラカサーニュ***は、「犯罪は運命的に起こってしまうのではなく、犯罪行為を助長するような環境になっているエリアが世界に存在しているために、犯罪が起きてしまう」と述べています。

このように、犯罪者がなぜ発生するか、犯罪とは何かの研究は、犯罪人類学から犯罪社会学へと移行していきます。

犯罪者追究の流れ

犯罪者の研究は、犯罪人類学から始まり、犯罪社会学へと移行していきました。

犯罪人類学

犯罪者には身体上にある種の特徴があるとし、その容姿の特徴によって犯罪者を決定することを追究する。

- **ロンブローゾが身体的特徴を調査**
- **生来性犯人説を提唱**
- **家系調査**

遺伝子学の発展 ➡ **犯罪生物学**

犯罪社会学

犯罪は運命的に起こってしまうのではなく、犯罪行為を助長するような環境になっているエリアが世界に存在しているために、犯罪が起きてしまう（ラカサーニュ）。

＊**ラカサーニュ**　アレクサンドル・ラカサーニュ。フランスのリヨン大学の法医学者。ライフルの線条痕が銃固有のものであることを犯罪捜査に応用したり、骨の長さで被害者の身長を推測することも行った。

02 犯罪を誘発しやすい地域環境とは

住民たちのつながりが薄い地域は、軽犯罪都市から重犯罪都市へ移行しがち。

地域の連帯・結束が必要

犯罪社会学（▶P33）の立場から、アメリカの都市社会学者**バージェス***は、人の流れ（移民の流入や貧困層の移住など）によって、老朽化した住宅街＝スラム街が生まれ、そこに病気や自殺、犯罪の増加がはびこっていくことを発見しました。

ごみの投げ捨てや落書きが放置されていると、誰もがそのような行為をするようになり、町が汚れていきます。軽微な犯罪行為が見すごされると、だんだん重大な犯罪までもが見すごされるようになり、治安が悪化していくのです（割れ窓理論▶P60）。

日本には、アメリカのように顕著な犯罪都市、麻薬都市などはありませんが、新興都市や移住者が多い地域では、地域に根づいた人が少なく、職業も家族構成もバラバラで、地域の交流につながりにくくなっているのが現状です。

そうなると、軽犯罪も起きやすくなり（**犯罪発生期**）、次第に治安が悪くなります（**持続期**）。**この状態が放置されると、地域のイメージが悪化し、住民の移動や転居が進みます。**その結果、さらなる犯罪増加に向かってしまうのです。

かつてニューヨークは犯罪の多い都市でした。凶悪犯罪も多く、その取り締まりを重点的に行っていましたが、犯罪が減少することはありませんでした。発想を変えて、ごみの不法投棄、落書きなど軽微な犯罪を取り締まるようにしたところ、凶悪犯罪も減っていきました。

＊**バージェス**　都市地域におけるさまざまな社会集団の分布をシカゴに当てはめ、都市における土地利用は同心円状に広がるという同心円モデル（バージェス・モデル）を提示。

犯罪都市はどのように形成される?

アメリカの都市社会学者バージェスは、移民の流入や貧困層の移住などでスラム街が生まれ、そこに病気や自殺、犯罪の増加がはびこっていくことを発見しました。日本にも人々の移動により犯罪都市が形成される要素があります。

新興住宅地(ニュータウンなど)

都市郊外などに新しくつくられた住宅地は、新しく流入してきた住民で構成され、地域のつながりが生まれにくい。

＝

犯罪の抑止力が弱い

↓

犯罪発生期

ごみの違法投棄、違法駐車などの軽犯罪が繰り返される →

↓

周囲の目が失われ、犯罪が放置される

↓

街の荒廃が進む → **持続期**

↓

地域のイメージが悪くなり、住民の移動・転居が増える

↓

犯罪都市へ

03 文化の違いから犯罪が生まれる?

今までと違う文化圏で生活することで、人は葛藤を抱えるようになる。

文化葛藤理論とは

犯罪社会学における犯罪発生環境について、「文化」の違いを唱えた人がいます。アメリカの犯罪学者**セリン***は、文化の葛藤が起きやすい移民に焦点を当てて研究し、劣悪な環境で暮らしている彼らが、出身国の文化や規範を守って生活していると、それが現在住んでいる地域では犯罪となることがあり、また、異なる環境下でのさまざまなストレスから、ついには犯罪などの行動に出てしまうケースが多いことを報告しました。

このことからセリンは、**ある人が行為の拠り所とする規範や文化が、同じ行為を犯罪として規制する別の規範や文化と接触・衝突することで葛藤が生じ、犯罪が生じやすくなる**と考えました。これを**文化葛藤理論***といいます。

また、この葛藤を**第一次的葛藤**(移民の規範が社会の規範と異なったときに発生する)と、**第二次的葛藤**(社会的差別の過程から文化の衝突が生まれる)とに分けました。

例えば、何を犯罪と指すかは、**法律や規範**によって変わります。今まで罰せられなかったことが、法律が変わったことによって罰せられることもあります。また、何がよいことか悪いことかは、**教育**によっても変わってきます。親によいことと教えられて育った者が、社会に出て、それが悪いことだと知ったとき、それに適応できず葛藤を抱えるようになり、犯罪に手を出してしまうこともあるようです。

*セリン　ソーステン・セリン(1896～1994)。死刑に関する研究も行い、死刑を廃止し、その後復活した州の殺人率が、廃止中と復活後では関係が認められなかったとした。

異なる文化の葛藤が犯罪を生むことに

ある人が行為の拠り所とする規範や文化が、同じ行為を犯罪として規制する別の規範や文化と触れ、衝突することで葛藤が生じ、犯罪が生じやすくなる状態を「文化葛藤理論」といいます。

文化葛藤理論とは

＊**文化葛藤理論**　カルチャーショックは、異文化圏から帰国したときに、自らの文化への再適応の過程で経験するさまざまなショックをいう。文化葛藤理論と違って、比較的短期の文化的適応の問題。

04 社会制度の変革から無秩序な状態に目標はあっても成功できないイライラからアノミー状態に陥り、犯罪に走る。

アノミー状態は「欲求」が原点

前項で述べた**文化葛藤理論**（▶P36）は、人々の「**無知**」から起こるともいわれます。つまり、異文化への無知や無認識が異文化への葛藤を起こして、犯罪という最悪の方法を選んでしまうという考え方です。

一方、フランスの社会学者**デュルケルム**は、人々は準拠する規範を失ったとき、混乱状態に陥るとし、この状態を「**アノミー**＊（無規制・無秩序）」と名づけました。

そして、社会規範が失われていき、個人の欲求が無規制に肥大化し始めると、慢性的な不満や苛立ちを引き起こし（アノミー状態）、さらに人々の物欲が際限なく大きくなっていって、自殺や犯罪が急増すると論じたのです。この「**欲求」への規制は、社会の秩序が揺らぎ、再編成が生じるときに失われる**としました。

成功できないことへの苛立ち

デュルケルムの思考を引き継いだアメリカの社会学者**マートン**は、「金銭的成功」という**文化的目標**と、成功するための合法的手段である**制度的手段**との間にズレが生じるとき、アノミー傾向が発生するとしました。

例えば、自由の国であり、アメリカン・ドリーム＊の国でもあるアメリカは、敗者（貧困者）にもチャンスが巡ってくる代わりに、成功できないことへの強い苛立ちから、合法的な手段では成功は得られないと考え、犯罪に走りがちに

＊**アノミー**　「無法律状態」を意味するギリシャ語が語源。アノミーには社会的次元（社会または集団の秩序の価値体系の崩壊）と個人的次元（不安、無力感など）がある。

なると考えたのです。

マートンはさらに、文化的目標を達成するために奨励される合法的な手段に対して、人々がどのような対応をするかを5つのタイプに分類しました。①**同調**、②**革新**、③**儀礼主義**、④**退行**、⑤**反抗**です。この中で、「革新」型の人は、目標を達成するために新しい手段を使いますが、それは社会の規範を無視した方法を採る場合が多いとしました。つまり、犯罪です。「退行」型は、目標も手段も放棄し、薬物使用や自殺などに走りやすいとし、「反抗」型は革命活動を行うタイプとしました。

アノミー状態とは

社会が発展すると、社会や集団を画一的なルールでは統率できなくなり、個々の欲求を個別に調整する必要が出てきました。しかし、欲望が拡大し、それが達成できないイライラがアノミー状態を引き起こします。

欲望
- お金持ちになりたい
- ビッグになりたい

↓

正当な手段では成功が得られないことへのイライラ

↓

犯罪に手を染める

＊**アメリカン・ドリーム**　アメリカ特有の「成功」の概念。均等に与えられる機会を生かし、誰もが勤勉と努力によって成功を勝ち取ることができるというもの。

05 犯罪者を類型化する

犯罪者をひとくくりにはできない。それぞれに生い立ちや人格が異なるから。

ゼーリッヒの犯罪者の類型化

一口に犯罪者といっても、まさに人それぞれに生い立ちや人格があります。犯罪心理学では、犯罪者をいくつかのタイプに分ける「**類型化**」が行われました。最も有名なものが、オーストリアの犯罪学者**ゼーリッヒ**の分類です。

彼は犯行が行われた原因と、その犯行パターンによって犯罪者を9タイプに分類しました。

①**職業的犯罪者**……犯罪で生計を立てている者たち。ホームレスや売春婦など。

②**財産犯罪者**……普通に働いているが、意志が弱く、金銭欲にあらがえなくなり犯行に及ぶ。職場での横領、詐欺などが多い。

③**攻撃的な犯罪者**……感情の抑制が利かず、犯行はすべて暴力的。殺人に発展することもある。

④**性的抑制が利かない犯罪者**……性欲を抑えられずに、強姦や痴漢などを行う。

⑤**危機的犯罪者**……人生途上で選択を迫られる状況で不安定に陥り、攻撃的な行動をとったり、社会から逸脱した行為を行う。

⑥**原始反応的犯罪者**……考えもなく無意識に犯行に及ぶ。怒りから突然キレるなど衝動的。

⑦**確信犯罪者**……自分の信念に基づいて実行する。テロや政治犯、宗教的信仰者など。

⑧**社会訓練が不足している犯罪者**……交通違反や無許可営業、公序良俗違反*など、うっかりや無知から犯罪を起こす。

⑨**混合型犯罪者**……以上8タイプのいずれか2タイプ以上を併せたタイプ。

＊**公序良俗違反**　公序良俗とは、「公の秩序または善良の風俗」の略。民法では、公序良俗に反する事項を目的とする行為は無効であると定めている。

ゼーリッヒの犯罪者の類型化

ゼーリッヒは、犯行が行われた原因と、その犯行パターンによって犯罪者を９タイプに分類しました。

1 職業的犯罪者

普通に仕事をすることを嫌い、犯罪で生計を立てている者たち。ホームレスや売春婦など。

2 財産犯罪者

意志が弱く、抵抗力が乏しいため、金銭欲にあらがえなくなり犯行に及ぶ。職場での横領、詐欺などが多い。

3 攻撃的な犯罪者

感情の抑制が利かず、犯行はすべて暴力的。些細なことで暴力を振るい、殺人に発展することもある。

4 性的抑制が利かない犯罪者

性欲を抑えられずに、強姦や痴漢などを行う。サディズムや小児性愛者、露出狂も。

5 危機的犯罪者

思春期に攻撃的な行動をとったり、社会から逸脱した行為を行う（愛人と結婚するために配偶者を殺すなど）。

6 原始反応的犯罪者

精神的に未発達な幼児のように、考えもなく無意識に犯行に及ぶ。怒りから突然キレるなど衝動的。

7 確信犯罪者

その犯行を行うことは自分の義務であるという信念に基づいて実行する。テロや政治犯、宗教的信仰者など。

8 社会訓練が不足している犯罪者

交通違反や無許可営業、公序良俗違反など、うっかりや無知から犯罪を起こす。

9 混合型犯罪者

以上8タイプのいずれか2タイプ以上を併せたタイプ。

06

犯罪が発生するシチュエーションは4つ

犯罪は、加害者・被害者・第三者の存在があって発生する。

社会心理学から見た犯罪の発生

社会心理学とは、社会という大きな集団の中で人がどのように行動するか、その心理を考えてみるものです。犯罪を社会心理学的に見てみると、犯罪は、加害者と被害者の存在だけで発生するものではありません。**加害者と被害者、そしてその両者に何らかの影響を及ぼす第三者が存在します**。第三者は、**目撃・抑制・矯正・介入・扇動などの働きかけ**を加害者か被害者、あるいはその両者にすることがあります。

ただし、薬物乱用（▶P200）や売春などのように、直接的な被害者が存在しないといわれる犯罪もあります。しかし、犯罪者自身が社会体制の被害者でもあります。

このような関係を前提として、社会心理学者の*安倍淳吉《あべじゅんきち》**は、犯罪が発生するシチュエーションを4つに分類しました。

①密行型……被害者やその周囲の第三者に犯罪を認識されないで目的を達成させる。

②潜行型……空き巣や薬物乱用のように、加害者の犯行場面に被害者も第三者もいない。

③威力型……銀行強盗や恐喝のように、加害者が被害者と第三者に対して自分の行動を故意に認知させ、彼らの抵抗を強引に抑制させる。

④詐欺型……加害者の行動が、被害者や抑制する第三者に有利な行動であるかのように認識させ、結果、加害者に有利になって犯罪が起こる。

この4つのパターンの共通点は、すべて加害者が有利な立場にあるということです。

＊**安倍淳吉**　1915～1993。東北大学の名誉教授で、社会心理学の権威。少年院、刑務所をフィールドにして非行少年を対象に研究し、独自の非行理論を構築した。

犯罪発生のシチュエーションとは

社会心理学者・安倍淳吉は、犯罪は４つのパターンのシチュエーションで起こるとしました。

① 密行型

被害者やその周囲の第三者に犯罪を認識されないように、妨害されないように目的を達成させる。

例）万引き、スリなど

② 潜行型

加害者が犯罪を行う場面に被害者も第三者もいない。犯罪防止の手立てがとれず、犯罪は実行されてしまう。

例）空き巣、薬物乱用など

③ 威力型

加害者が被害者と第三者に対して自分の行動を故意に認知させ、彼らの抵抗を強引に抑制させる。

例）銀行強盗、恐喝などの暴力的な犯罪

④ 詐欺型

加害者の行動が被害者や抑制する第三者に有利な行動であるかのように認識させ、加害者に有利になる犯罪が起こる。

例）詐欺事件

07 犯行場面は偶然からエスカレート

偶然から起こった犯罪は、次第に自分で場面をつくっていくことに。

場面誘引から場面選択、場面形成へ

犯罪を起こしてしまった理由を実際に調査した報告があります。大分県立看護科学大学の人間科学研究室・関根剛《せきねつよし》は、ある刑務所で生命犯罪（殺人や殺人未遂）または性犯罪で受刑している人を対象に、事件を起こしてしまった理由を回答してもらいました。

その結果を大雑把に以下の４つのグループに分けました。

①状況：「どうしようもなかった」「こうするよりしかたがなかった」など、**やむを得ない状況で事件を起こした**、**②忍耐**：「ちょっとの我慢ができなかった」など、**忍耐力がなかったために事件を起こした**、**③運**：「不運だった」「偶然が重なった」など、**意図したことではなく運が事件につながった**と感じる、**④衝動**：「衝動的性格だから」など、**思わず事件を起こしてしまった**と感じる。

こうした心理に拍車をかけるのが犯罪を起こさせる「場面」です。綿密に犯行を計画する知能犯や経験豊富な犯罪者は別にして、いわゆる**偶発犯***（偶然やってしまった）や**機会犯***（たまたまその機会があった）、あるいは**初発犯（非行者）などは、たまたま出会ったその場の雰囲気や状況に誘われる形で犯罪行動を起こしてしまう**のです。

例えば、通りかかった店先には周囲に誰の目もなく、つい手が出て万引きしてしまったとか、カフェで隣に座った人の忘れ物を店員に届

＊**偶発犯、機会犯**　偶発的な事情で、たまたま起こされる犯罪。常習犯は、習癖として犯行を繰り返す。確信犯は、悪いことだとわかっていながら行った犯罪をいう。

けず持ち去ってしまったなどです。つまり、こうした場面が犯行を誘引することを「**場面誘引**」といいます。

ところが、こうしたちょっとした犯行がうまくいってしまうと、同じような場面に出会わないかと期待するようになります。店員の目を盗める死角を探すようになってしまうのです。これを「**場面選択**」といいます。

さらに、場面選択がうまくできないようになると、強引に場面をつくろうとします。これが、「**場面形成**」です。店舗をこじ開けて強奪するなど、その手口は悪質になっていきます。

場面誘引から場面形成へ

偶発犯や機会犯は、そのときの心理状況に加えて、犯行を起こしやすい場面への巡り合わせによって犯罪に手を染めていきます。

場面誘引

面白くない、クサクサしていた、などの心理状況のときに、偶発的場面に遭遇。

↓

場面選択

犯行を行えそうな場面を探し始める。

↓

場面形成

無理矢理にでも犯行を行えるように場面をつくってしまう。

08

コンプレックスと犯罪の関係

意識下によどんでいたコンプレックスが極端な反撃となって現れる。

麻原彰晃のコンプレックス

オウム真理教が起こした事件の首謀者（教祖）である**麻原彰晃**《あさはらしょうこう》（▶P121）は、畳職人の4男として生まれ、先天性の視覚障害のため（全盲ではない）、さまざまな紆余曲折の青年期を過ごします。盲学校では強い権力欲を示し、周囲の子どもたちを暴力で支配していました。成績は中程度でありながら東京大学を受験して挫折。後に結婚して鍼灸院を開院するも、すぐに廃院し、「最も儲かるビジネス」として宗教を選び、オウム真理教へと至ります。オウム真理教では、多くの優秀な高学歴者を弟子にして「解脱」させ、彼らに犯行を実行させせました。

その弟子の1人であり、オウム真理教のスポークスマンの役割を果たした*上祐史浩*《じょうゆうふみひろ》は、インタビューで麻原彰晃には「**幼少期の不遇やコンプレックスがあったのでは**」と語っています。

コンプレックスの反動が犯罪に

コンプレックスとは、通常は「**劣等感**」という意味で使われます。例えば、「学力が劣っている」「容姿が劣っている」などです。しかし、心理学的には、コンプレックスとは、**無意識下での感情を伴う心的複合体**をいいます。つまり、気軽に「僕は〇〇がコンプレックスなんだよ」などと言えないものなのです。普段は意識されないものが意識下で処理されずに残されていき、あるとき、何かの拍子にその「引っかかり」が提示されたとき、無視できなくなってさまざ

↘「緊急対策本部長」に就任。外報部長としてマスコミの前に登場した。その巧みな答弁や詭弁は「ああ言えば、上祐」と揶揄されたほど。出所後に宗教団体「ひかりの輪」設立。

まな影響を及ぼしてくるといえます。

麻原彰晃の場合も、大それた野望を妨げるような環境（複合＝コンプレックス）があったといえるのではないでしょうか。

人は、無意識下の**コンプレックスを克服しようとして、無意識のうちにも奮闘努力をしています**。これを**防衛機制**（▼P83）の1つである「**補償**」と呼びます。その**補償の歪んだ形で現れるのが犯罪**ともいえます。周囲の人々や社会から粗末に扱われてきた、バカにされてきたという被害者意識や迫害への恐怖心が、極度な反撃となって現れるのです。

コンプレックスの元になるもの

コンプレックス（劣等コンプレックス）は、さまざまな要因が複合的に作用して生まれます。

- 生い立ち
- 家庭の経済状況
- 知的能力
- 健康問題
- 容姿
- 偏見による言われなき誹謗中傷
- コミュニケーション能力
- 社会的に受け入れられにくい趣味、嗜好、性癖など

＊**上祐史浩**　オウム真理教の元信者。早稲田大学理工学部から早稲田大学院を修了。早大在学中に「オウム神仙の会」に入会。数年後に「尊師」に次ぐ「正大師」に昇進。地下鉄サリン事件（1995年）後には↗

09

なぜ突然キレて、暴力沙汰になるのか

「キレる」のは若者だけではない。あらゆる世代がストレスを溜め込んでいる。

急性爆発反応と鬱積爆発反応

「**堪忍袋の緒が切れる**」という慣用句があります。昔の人たちは、我慢（堪忍）する心の広さを「堪忍袋」にたとえ、我慢が限界を越えることを「堪忍袋の緒が切れる」と表現しました。現在はその緒が些細な理由で切れてしまう時代のようです。この慣用句から「**キレる**＊」という言葉が俗語として認知されるようになったともいわれます。「キレる」とは、突然、爆発したように暴力を振るったり、暴言を吐いたりする状態のことで、このような状態を「**爆発反応**」といいます。

キレる「爆発反応」には2つのパターンがあります。1つは、**些細なことがきっかけで衝動的に殴る蹴るなどの暴行をする**パターンで、**急性爆発反応**と呼びます。駅員に対して暴力行為を働く人もこのタイプです。短気で怒りっぽい、気分にムラがある、劣等感が強い、被害妄想的といった傾向が見られます。

もう1つは、**長期間にわたって受け続けたストレスが閾値《いきち》＊を越えたとき、一気に爆発する**パターンで、**鬱積《うっせき》爆発反応**と呼びます。爆発のきっかけは些細なことであっても、今までの鬱積が限界点を越えてしまったことで爆発してしまうのです。例えば、日ごろから上司につらく当たられていた人が、ちょっとした叱責でそれまでの我慢の限界を越え、上司に殴りかかってしまうなどです。こうした爆発のしかたをする人は、生真面目で、自己主張ができず、ストレ

＊**キレる**　興奮して激しく怒ったとき、額に青筋（静脈）が浮き立つ状態になり、「血管が切れる」ようだということから「キレる」という言葉が生まれたという説もある。

スを発散できないタイプに多く見られます。

現代は、コミュニケーションの欠如に伴う問題がしばしばクローズアップされます。うまく自分の意見を伝えることができたり、あるいは友人に愚痴をこぼしてガス抜きをするなどができれば、気持ちが爆発するほどにストレスを溜め込むことにはならないでしょう。

「若者がキレやすい」は本当か？

「キレる」というと、少年や若者たちを思い浮かべがちです。2000年前後に相次いで発生した凶行が17歳前後の少年たちだったことから、**「キレる17歳」**という言葉も世の中を賑わせました。ところが昨今は、**年齢に関係なく「キレる」人が増えています。**例えば、モンスターペアレントといわれる子育てをする親たち、暴走老人と呼ばれることもあるキレやすい老人、職場で突然キレる新入社員や中堅社員など、年齢層はさまざまです。

特に、急性爆発反応による「キレる」理由は、病院の待ち時間が長い、交通渋滞、バスが来ない・動かない、友人のジョークが微妙など、「理性」さえあれば耐えられるようなものがほとんどなのです。

MEMO OF CRIME 「キレる17歳」から「キレる＝若者」が一般化

1998年の栃木女性教師刺殺事件は、当時13歳の中学生が女性教師の叱責にカッとなってバタフライナイフで刺した事件でした。この事件以降、「キレる」という言葉が定着していきました。

さらに2000年５月に17歳少年が起こした豊川市主婦殺人事件以降、同月の西鉄バスジャック事件、６月の岡山金属バット母親殺害事件も17歳少年の犯行で、７月には16歳少年が山口母親殺害事件、８月には15歳少年が大分一家６人殺傷事件を起こしました。こうして「キレる17歳」「理由なき犯罪世代」という言葉が生まれました。「17歳」は2000年の流行語大賞候補になりました。

＊**閾値**　生理学や心理学で定着している言葉で、境目となる値のこと。興奮を引き起こさせるのに必要な最小のエネルギーの値。電子回路における境界電圧や放射線、毒物などの分野でも用いられる。

10 暴力的映像やゲームは犯罪を誘発する?

映画やゲームに影響されたり真似したりして事件を起こす加害者もいる。

暴力映像に影響される観察学習説

2000年に日本で公開された映画『**バトル・ロワイアル**』のキャッチコピーは、「**ねえ、友達殺したことある?**」で、原作本（高見広春の同名小説）の帯にも「中学生42人皆殺し」とあるなど、中学生同士が殺し合うその内容は、青少年へ悪影響を与えるとして、映画の規制を求める運動が行われたことがありました。

実際、2004年に起きた**佐世保小6女児同級生殺害事件***で加害者となった6年生の女子児童は、小学3年生のころからこの小説のファンであり、事件前にはこの映画のDVDをレンタルしていました。

アメリカの心理学者**バンデューラ**は、実験で人形に暴力を振るう大人（モデル）の映像を子どもに見せました。映像の最後のシーンは3つに分かれており、それぞれで子どもの反応を見ました。

①暴力的なモデルに報酬（賞賛）を与える映像を見せる。
②暴力的なモデルを叱る映像を見せる。
③映像のあとに特に罰や報酬を与えない。

その後、こどもたちの行動を観察したところ、①を見せた子どもに暴力的な行動が見られたということです（特に男子）。

つまり、暴力行為が称賛される映像を見た子どもは、暴力的な行動を真似る傾向があることが実証されました。これを**観察学習（模倣）**といいます。

↘女児は、犯行前夜に見たテレビドラマでカッターナイフで人を殺害する場面があり、これを参考にしたと供述。その後、テレビ局は殺人ドラマの放送を自粛するようになった。

一方、暴力的な映像で犯罪が促進されることはないという考え方もあります。これは、暴力的な映像を見ることで、暴力的な欲求が代理満足を得るという**カタルシス効果**（心の浄化作用）があるというものです。

特に、**暴力ゲーム**の場合は結果が得点となって表れ、次のステージに進めることにもなり、さらに攻撃への欲求が高まっていきます。

このようなゲームは麻薬のように熱中していきます。1日に1時間だけなどと自分で抑制できるならよいのですが、徹夜で10時間ぐらいゲームをし続ける人も少なくありません。

暴力シーンが誘発する犯罪

暴力シーンの多い映画やゲームは凶悪な事件につながるという議論がしばしば起こります。

観察学習説

暴力や殺人シーンの情報が刷り込まれ、行動様式として学習する。

↓

ストレス、イライラ

↓

解消するために暴力行動が起こる

暴力ゲームに熱中する

自分で操作して敵をやっつける

↓

得点が出て、さらに熱中する

↓

ゲームの影響を受けやすくなる

＊**佐世保小６女児同級生殺害事件**　佐世保市の小学校で６年生の女児が、午前中の授業が終わったあと同級生女児を学習ルームに呼び出し、床に座らせ、女児の首をカッターナイフで切りつけ死亡させた。加害↗

11 短絡的な模倣犯と、卑劣な愉快犯

模倣犯は短絡的ゆえに逮捕されてしまう。愉快犯も世間をかき回す。

模倣犯は結果まで考えない

模倣も前項で述べた**観察学習**の一種です。芸人のネタを真似するのも模倣ですし、みんなが同じ格好をするから自分も同じ格好をするというのも模倣です。**犯罪の模倣も、ただ真似ているだけで、犯罪の結果がどうなるかまでは考えていない**のが通常です。

1984年に発生した**グリコ・森永事件**（▶P196）は、江崎グリコ社長を誘拐して身代金を要求し、森永製菓など食品企業を次々と脅迫した事件で、「**かい人21面相**」を名乗る犯人からの挑戦状などで世間を驚かせました。この事件後、「**かい人21面相」を模倣して食品企業を脅した恐喝事件が31件発生**しましたが、すべて摘発されました（本家本元のグリコ・森永事件の犯人は摘発されず）。結局、その事件の模倣犯罪は444件に上り、中には小中学生がファミコン*欲しさに企業を恐喝したものもありました。

1998年に和歌山市で起きた**毒物カレー事件**のあとも、**毒物混入事件が連鎖**しました。このように、マスコミで騒がれた事件は、一部の人間たちに「そうか、そういう手があったか」という思いを抱かせ、**漠然と持っていた殺意や犯意を現実のものにしてしまう力がある**といえるでしょう。また、本家本元の事件がうまくいった場合、「自分もうまくできるに違いない」と短絡的に思ってしまいます。しかし、こうした**単純な模倣犯ほど、すぐに逮捕されてしまう**ものなのです。

＊**ファミコン**　ファミリーコンピュータの略称。1983年に任天堂より発売された家庭用ゲーム機。1985年発売のゲームソフト「スーパーマリオブラザーズ」は大ヒットに。

世間の狼狽ぶりを見て楽しむ愉快犯

「**愉快犯**」とは、人や社会を恐怖に陥れて、彼らが右往左往する姿を陰から観察したり想像したりして喜ぶ犯人のことです。先のグリコ・森永事件を模倣した模倣犯の中にも愉快犯はいたかもしれません。

「愉快犯」という言葉は、1977年に東京、大阪で起きた**青酸コーラ無差別殺人事件**より使われ始めたようです。第1の事件は、1月4日、男子高校生が品川駅近くの公衆電話に置かれていた未開封のコーラを持ち帰って飲み、青酸中毒で死亡しました。同日、第1の事件の公衆電話から近い場所の赤電話に置かれた青酸入りコーラを作業員が飲んで死亡しました。その1か月後、第3の事件が大阪で起きます。そして第4、第5の事件へと続くのですが、すべての事件が関連しているものかどうかは不明です。また、犯人も捕まっていません。

犯人は、たまたま手に入れた毒物を試したくて実験したのか。あるいは、日ごろの鬱憤を歪んだ形で爆発させたのか。もしこれが「愉快犯」なら、**世間の狼狽ぶりを陰からほくそ笑んで見ていたに違いありません。**

MEMO OF CRIME

和歌山毒物カレー事件でカレーがイメージダウン

1998年7月25日、和歌山市の町内夏祭りで提供されたカレーを食べた67人が腹痛や吐き気を訴えて病院に搬送され、そのうち4人が死亡した事件は、当初は食中毒によるものとされましたが、亜ヒ酸の混入が判明したことから、捜査後、知人男性に対する殺人未遂と保険金詐欺、カレーへの亜ヒ酸の混入による殺人の容疑で林眞須美《はやしますみ》が逮捕されました。裁判では、直接証拠も動機も解明できないまま、死刑が確定しました。

この事件でカレーのイメージが悪くなり、カレーのCMが自粛されたり、テレビアニメでカレーが登場する回の放送を取りやめたりなどの動きもありました。各地の夏祭りでも食事の提供が自粛されたようです。

12 お酒は人を暴力的にする？

お酒を飲みすぎると攻撃的になり、普段意識していない欲求が現れることも。

飲みすぎで攻撃的になる

お酒を飲みすぎて感情が高ぶったり、足下がおぼつかなくなったりということは、誰しも経験があるのではないでしょうか。さらには、酔っぱらい同士の口論や暴力事件もよく耳にします。飲酒運転による交通事故もしばしば起こります（▶P188）。お酒の飲みすぎは抑制力を低下させ、飲酒者本人にダメージを与えるだけでなく、家族や社会へもさまざまな問題をもたらすのです。

一般に**お酒の摂取量が多いほど攻撃性が高まる**のだそうです。特に、相手から挑発があった場合や、近くに刃物などがあった場合、それらに刺激されてさらに攻撃的になるといいます。

実際、お酒を飲むことで通常の抑止力が低下し、鬱憤をまぎらわせたり、欲求不満を解消したりすることもあります。抑止力の低下が攻撃性を増加させているようにも見えます。

酩酊とアルコール依存症

急性アルコール中毒*とは、短時間に多量にお酒を摂取したために、運動失調や意識障害などを起こす状態をいいます（**酩**《めい》**酊**《てい》）。酩酊は、普通の酔っぱらいである単純酩酊と、複雑酩酊、病的酩酊に分けられます。

単純酩酊の場合、判断力が低下してきて、日ごろから憎く思っている上司に暴力を振るったりすることがあります。**複雑酩酊**は、興奮の程度が単純酩酊より強く長くなり、普段意識して

↘きない)、昏睡期（0.3～0.4%：意識の喪失、昏睡、死）に分けられる。アルコールには脳を麻痺させる性質があり、大脳辺縁部から脳幹部、最終的に中枢部に及ぶことがある。

いない欲求が行動として現れることがあります。**女性に抱きつくような性犯罪や、ひどいときには殺人に至ることもあります。**道徳的な規範が守れなくなっている状態といえるでしょう。**病的酩酊**では、意識障害が急激に起こり、幻覚や妄想が現れて、**目的不明の強盗や殺人などにつながる**こともあります。

アルコール依存症になってしまうと、絶えず不眠・不安・抑うつなどの**離脱症状（禁断症状）**が生じ、意欲も失われます。そのために失業したり、家庭崩壊にも至ることになり、酒を入手するために万引きをすることもあります。

飲みすぎがもたらす弊害

お酒の飲みすぎは、本人だけでなく、家族や社会にさまざまな悪影響をもたらします。

本人

- 臓器障害、生活習慣病などの健康問題
- 急性アルコール中毒
- アルコール依存症

など

家族への影響

- 配偶者への暴力
- 子どもの虐待
- 家庭崩壊　など

地域社会への影響

- 飲酒運転
- 生産性の低下
- 失業問題
- さまざまな犯罪　など

＊**急性アルコール中毒**　血液中のアルコール濃度によって、酩酊度を微酔期（0.05～0.08%：陽気、反射の遅れ）、酩酊期（0.1%：まっすぐに歩けない）、泥酔期（0.2%：錯乱、記憶力の低下、立つことがで↗

13

犯罪者はなぜ男が多いのか

犯罪は圧倒的に男によるものが多いが、女の犯罪も増えつつある。

男は攻撃的、女は受動的

毎日のように報道される犯罪ですが、その**犯人（容疑者）は、圧倒的に男が多い**ようです。実際、2011年の**一般刑法犯**（▶P224）検挙人員を見てみても、検挙総数約30万人のうち、男は約24万人で、全体の8割を占めています。この数字はこの年が特別ではなく、いつの時代でも圧倒的に男の犯罪率が高いのです。なぜ、このように男の犯罪者が多いのでしょうか。

それは、そもそも**男女には身体的および気質的違いがある**からと思われます。まず、身体的に見ても**女性は明らかに男性より脆弱で、暴力行為は苦手**です。性犯罪や通り魔などの犯罪も女性は被害者に回るほうが多いのです。

また、女性は一般的に男性よりも家にいることが多く、犯罪の機会が男性より少ないということもできます。さらに、女性が犯罪を起こしても、社会やマスコミが寛容に扱う傾向にあるということも、男性の犯罪率が高くなることに表れていると考えられます。

増える女性の犯罪とは

一方で、男より女のほうに犯人（容疑者）が多い犯罪もあります。それは＊**嬰児殺**《えいじさつ》です。**近年は、育児ノイローゼなどによる子殺しや夫殺し、子どもへの虐待などが急増**しています。また、窃盗は、女性の検挙人員の約8割を占め、そのうち万引きは8割を占めています。この万引きについて、男女の差はあまりありません。

＊**嬰児**　統計上は1歳未満の乳児をいう。「みどりご」（緑児）とも読む。古くは大宝律令《たいほうりつりょう》で3歳以下の男児女児を「緑」と称していた。

男の犯罪と女の犯罪

犯罪は圧倒的に男によるものが多いですが、近年は、子殺し、虐待などで女性の犯罪も増えています。

一般刑法犯検挙人員（罪名別・男女別）（2011年）

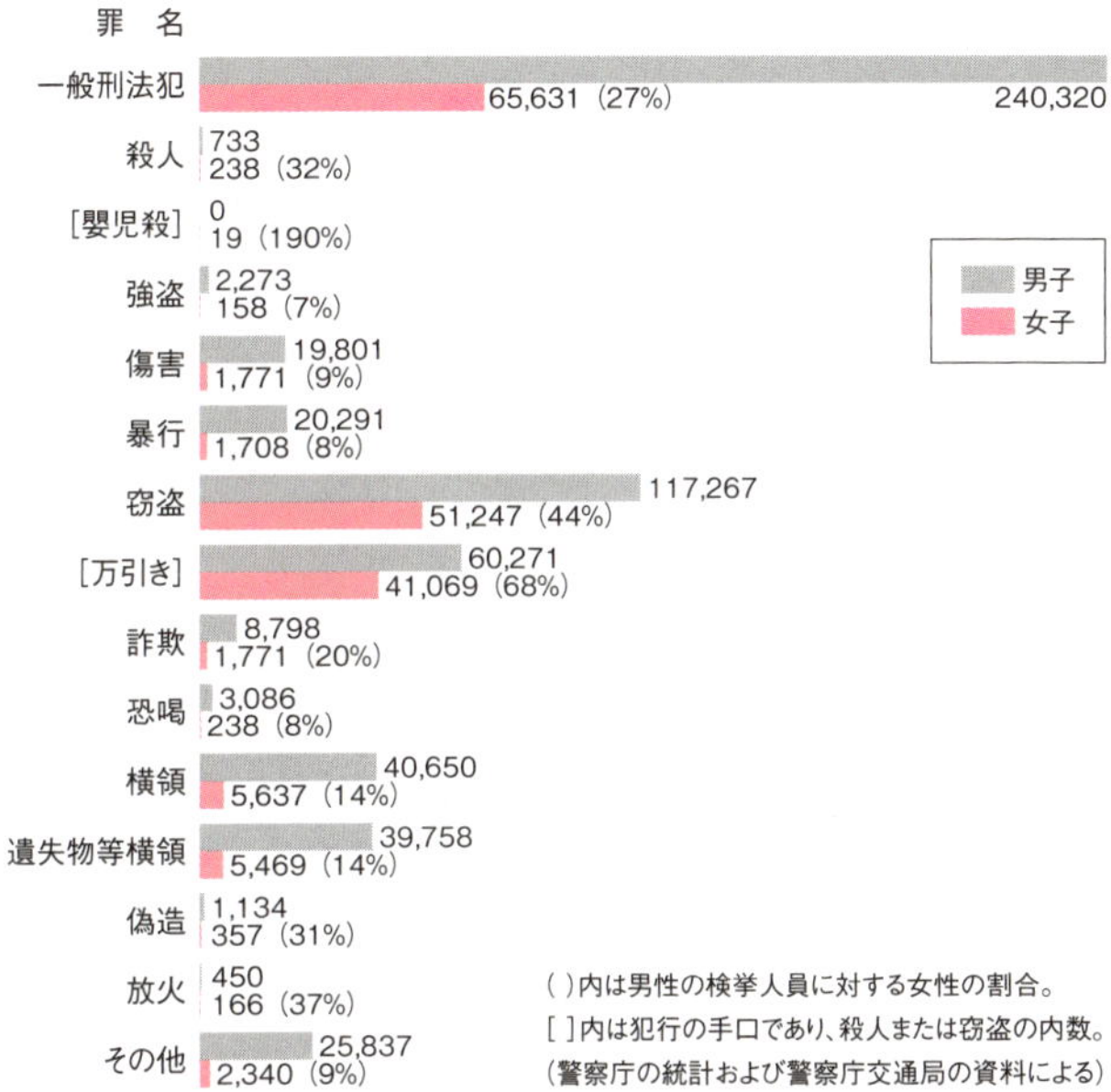

( )内は男性の検挙人員に対する女性の割合。
[ ]内は犯行の手口であり、殺人または窃盗の内数。
(警察庁の統計および警察庁交通局の資料による)

女による犯罪で多いもの

- 万引き

- 育児ノイローゼなどからの子殺し、虐待など

14

高齢者の犯罪が増えている

元気な高齢者と、孤独で困窮している高齢者の犯罪が増加傾向にある。

超高齢社会の問題が犯罪につながる

高齢者人口が増加し、2012年には、高齢化率*が24・1%となりました。つまり、4人に1人が65歳以上ということになります。65歳以上の**高齢者による犯罪も増加傾向**にあります。罪種は**万引きなどの窃盗が約6割**を占め、暴行および傷害などの粗暴犯、殺人および強盗などの重大事犯も増加傾向にあります（▼左図）。

高齢者による**性犯罪も増えています**。ストーカー事件の犯人が高齢者であったという報道も珍しくありません。

つまり、高齢者が増加すればするほど、相対的に高齢者の犯罪者も増えていくということであり、高齢社会が犯罪の世界にも及んでいるといってよいでしょう。

現代社会では、核家族の増加に伴い、高齢者独居世帯が増え、地域とのつながりも薄く、孤独感や居場所のなさを感じながら生活する人が多くなっています。そのような中で、経済的に困窮してやむにやまれず窃盗事件を起こしてしまう人も多いようです。

重大事件の主犯となることも

また、重大事犯で目を引くのが**介護疲れによる夫婦間の殺人や、高齢者同士の男女関係のもつれからの殺人**です。超高齢社会が現実になっている今、経済的・福祉的な問題とともに、年をとっても元気な老人の増加も高齢者の犯罪増加に影を落としているといえるでしょう。

***高齢化率**　総人口に対する65歳以上の高齢者が占める割合。一般に高齢化率が7〜14%を高齢化社会、14〜21%を高齢社会、21%〜を超高齢社会と分類されている。

高齢者の犯罪状況と、犯罪の背景

2012年には65歳以上の検挙人員は全体の17%を占め、その数は増加を続けています。その背景には何があるのでしょうか。

一般刑法犯検挙人員の年齢層別推移（1993～2012年）

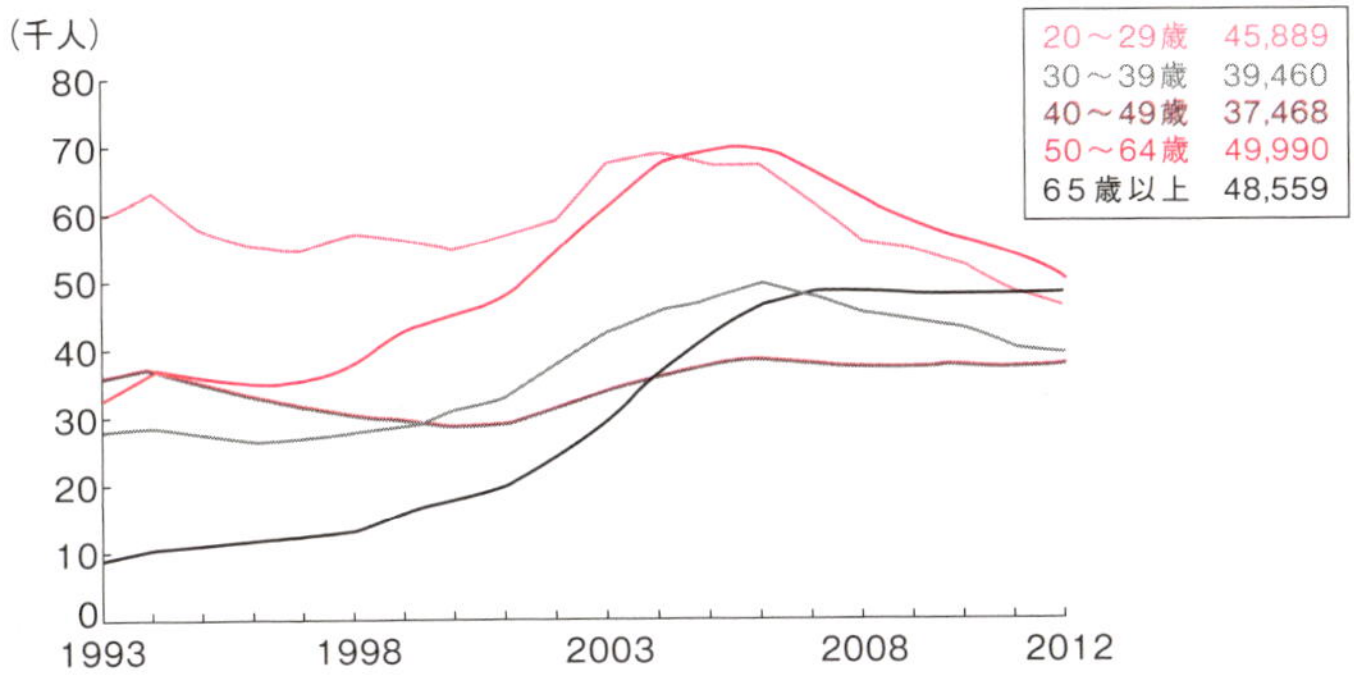

一般刑法犯 高齢者の検挙人員の罪名別構成比（2012年）

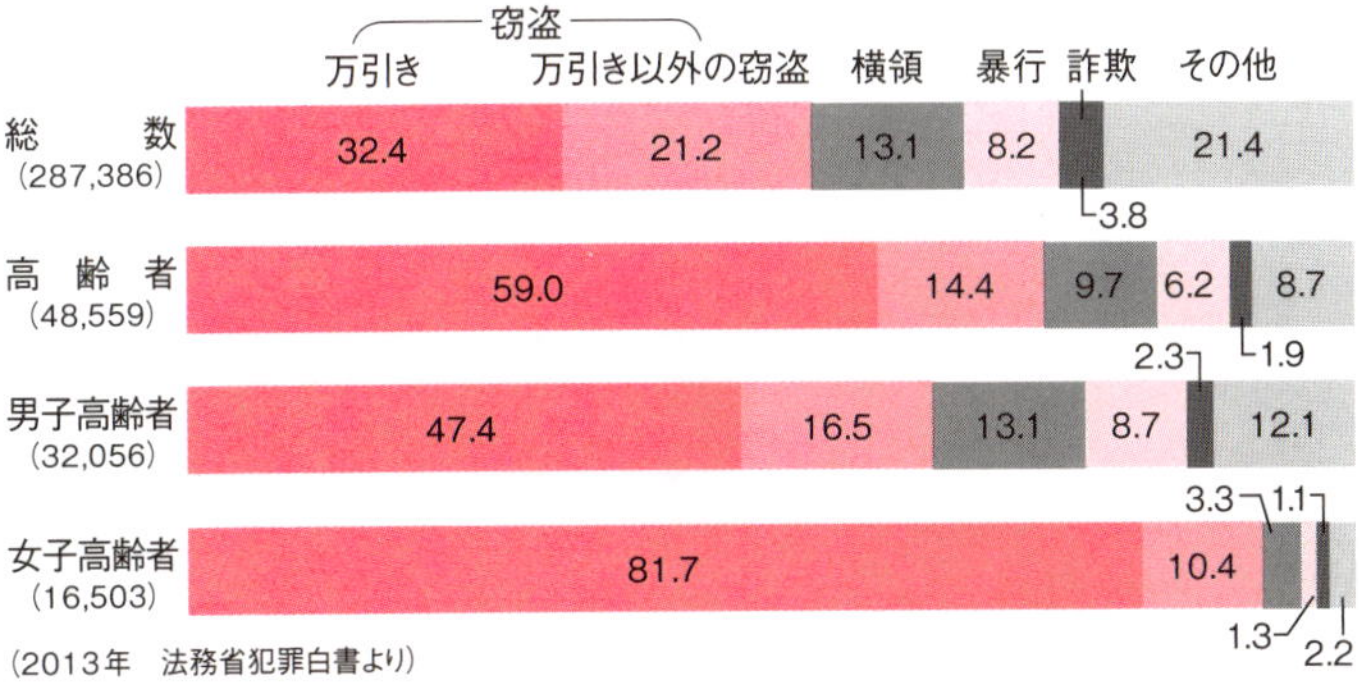

（2013年　法務省犯罪白書より）

高齢者の犯罪が増える背景

- 判断能力の低下（認知症など）
- 経済的な困窮者の増加
- 社会的な孤立
- 家族から離れて暮らす孤独感
- 老老介護の問題

TOPICS 2

割られた窓が放置されると軽犯罪の温床に

1台の放置自転車がさらなる放置自転車の増加につながるとか、タバコのポイ捨てが1個あれば、その場所へのポイ捨てがどんどん増えていくなど、秩序違反が1つ放置されることで、さらなる無秩序の雰囲気が助成されていきます。

アメリカの犯罪学者ケリングは、「建物の窓が壊れているのを放置すると、誰も注意を払っていないという象徴になり、やがてほかの窓も壊されていく」という「割れ窓理論」を提唱しました。すなわち、割られた窓が放置される↓誰も気にしていないから、割ってもいいのかな↓窓を割ることへの罪悪感が薄れる↓その他の窓も割られるようになる↓この場所には誰も関心がないようだ↓この場所が軽犯罪の温床になる↓重大犯罪が起こる可能性も出てくる、といった経緯をたどっていきます。

こうして、犯罪が起こりやすい環境が生み出されていくのです。軽犯罪が頻発するようになると、意識の高い住民はその地域を去り始め、さらに、他地域から犯罪者を招き寄せやすくなります。街の犯罪化・荒廃化を防ぐには、「1枚の割れ窓」を放置しないことかもしれません。つまり、警察による取り締まりより先に、住民(当事者)の意識の向上が大切ともいえます。

第 2 章

殺意と殺人が起きるわけ

01

殺人は5つに分類される

殺人の動機で多いのは憤怒、怨恨、異性関係。誰の心にも殺意は潜んでいる。

日本の殺人犯はほぼ検挙されている

殺人は、世の中が大騒ぎする犯罪の1つといえます。日本における殺人事件の**認知件数***は2013年で938件、そのうち**検挙件数***は950件、検挙率は101・3％（2014年警察庁調べ）で、認知件数、検挙件数、検挙人員は減少傾向、検挙率は高水準を維持しています。

殺人事件の検挙件数における被疑者と被害者の関係を見てみると、2003年以降は親族間によるものが増えていき、2012年には全体の半数以上が親族で、そのうち約4割が配偶者となっています（▶P68）。

殺人の動機で最も多いのは「憤怒」（43・4％）であり、次いで「怨恨」（15・8％▶P64）。そして、「動機不明」や「異常酩酊《めいてい》・精神障害等」に続きます。「介護・看病疲れ」（▶P70）も近年は増えています（2011年警察庁調べ）。

ヘンティッヒの分類

さて、殺人についても犯罪心理においてさまざまな研究や発表がなされていますが、中でもドイツの犯罪学者**ヘンティッヒ***が発表した「**殺人の分類**」が有名です。ヘンティッヒは、殺人を①**利欲殺人**、②**隠蔽殺人**、③**葛藤殺人**、④**性欲殺人**、⑤**無定型群**の5つに分類しました（▶左図）。

殺人は、犯罪の中でも特に非人道的なものと考えられがちですが、殺意は、誰の心の中にも潜んでいるものではないでしょうか。

* **認知件数、検挙件数**　認知件数は警察において発生を認知した事件の数のこと。検挙件数は、刑法犯において警察で検挙した事件の数で、解決事件を含む。

殺人の5つの分類

ヘンティッヒは、犯罪心理の研究の中で、殺人を5つに分類しました。

TYPE 1 利欲殺人

金品を奪うために行う殺人。その代表が強盗殺人。そのほか、借金の返済を求められての殺害、営利目的の誘拐殺人なども含まれる。

TYPE 2 隠蔽殺人

何らかの犯罪行為を目撃され、口封じするために殺人を犯す。強盗目的で侵入して家人と鉢合わせし殺害したり、共犯者の殺害やレイプ相手の殺害なども含まれる。

TYPE 3 葛藤殺人

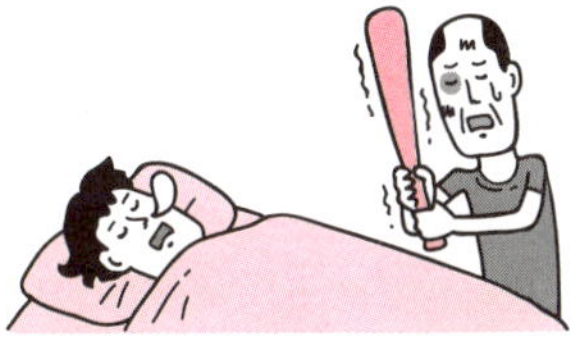

憎しみや嫉妬などの精神的な葛藤が原因となる殺人。「怨恨」や「痴情のもつれ」など、親密な人間関係で起こることが多い。

TYPE 4 性欲殺人

性的な快楽を満たすために犯す殺人。レイプし、殺害するまでが性行為の代償となっている。SMによる性行為の果ての殺害も含まれる。

TYPE 5 無定型群

①～④に当てはまらない殺人。精神疾患者や政治犯による殺人など。

＊**ヘンティッヒ**　初めて犯罪被害者に注目し、犯罪を加害者と被害者の間の人間関係と捉え、被害者学の概念を提唱。近親相姦、親族間殺人、詐欺、傷害、強盗事件の統計と事例を基に調査した。

02 人を殺したくなる恨みはなぜ起きる？

恨みが強くなると、理性にブレーキが利かなくなり、殺人に至ることがある。

殺意につながる感情は誰にでもある

殺人は絶対に犯してはならない大罪だと、ほとんどの人が認識しています。それにもかかわらず、なぜ起こるのでしょうか。

殺人は、相手を消し去りたいという強い感情によって起こります。このような感情は特殊なものと思われがちですが、実は**誰の心にもあります**。実際に殺したいとまでは思わないものの、「あいつはいないほうがいい」といった思いと根は同じなのです。

ただ殺人に至らないのは、「自分が加害者になりたくない」「周囲に迷惑がかかる」などといった気持ちが心にブレーキをかけているからといえるでしょう。

愛や憎しみが深刻な恨みに変わる

殺人の動機はさまざまですが、最もポピュラーなのは**怨恨殺人**でしょう。恋人に突然別れを告げられ、殺してしまったとか、借金を断られてカッとなって殺してしまった、などという話はよく耳にします。このように、**愛や憎しみといった感情が、あるとき殺してしまいたいほどの強い恨み***に変わる**のです。

では強い恨みに変わるのはなぜでしょう。いくつか理由はありますが、その1つが「**依存**」です。「依存」とは、相手に対する「**甘え**」にほかなりません。つまり、**甘えよう（＝依存しよう）とした相手から拒絶されたと感じたとき、愛や憎しみは強い恨みに変わる**というわけです。

＊**恨み**　精神分析学者フロイトは、幼少期、親に十分甘えられなかった子どもは、成人して甘えを拒絶されると、それを極端に深刻に受け止めるようになる（恨みの根源）とした。

恐怖と強迫観念から殺意につながる

「**恐怖**」も強い恨みに変わります。例えば、職場に優秀な社員が登場して殺人事件に発展するという刑事ドラマがありました。自分の立場に不安を覚えた加害者は、被害者が自分を排除しようとしていると思うようになります。そして相手に勝手に敵意を感じ取って一気に恨みを強め、その結果殺人に至るのです。つまり、**自分の立場が危うくなるのではないかという妄想、思い込みが殺人に至らしめた**というわけです。

ちなみに、この場合の被害者の感情は、実は加害者自身の感情であることが多く、こうした心の動きを心理学では**投影的同一視***といいます。

一方、**強迫観念が恨みを生み出す**場合もあります。強迫観念とは、頭にこびりついている考えや衝動、イメージなどで不安や恐怖、不快感が引き起こされる状態をいい、**強迫神経症**ともいわれます。

MEMO OF CRIME

相手の意図に怒りを感じると、復讐は過剰になりやすい

例えば、道を歩いていて突然水をかけられたとしたら、あなたはどのような反応をしますか。誤って水をかけた場合と故意にそれを行った場合とでは、たぶんあなたの相手に対する気持ちも違うのではないでしょうか。一般に人は、実際に受けた被害そのものより、それを行った相手の意図に敏感に反応するといわれています。そのため、相手の行為が故意だとわかった場合、被害の程度ではなく、相手の意図に激しい怒りや強い恨みを抱きます。

古代バビロニアのハムラビ法典には、「目には目を、歯には歯をもって報いよ」とありました。つまり、同害報復（復讐）を意味しており、実は野蛮な復讐に歯止めをかけるものだったとも考えられます。

しかし、被害そのものよりも相手の意図に怒りや恨みを感じる場合の報復は、過剰報復になりやすい傾向があります。

＊**投影的同一視**　相手に抱いている感情を、あたかも相手が自分に対して抱いていると思い込むこと。自分が持っている不都合な欲求や感情を相手に転嫁することで、心の安定を保つ。被害者意識の強い人に多い。

03 なぜカッとなって殺してしまうのか

我慢し続けてきた人に、限界を越えさせる一言が引き金になることも。

普通は一気に殺人に至ることはない

会議やサークルなどで、他人の言動につい カッとなった経験を持っている人は多いのではないでしょうか。相手を睨みつけたり、反発したり、そのときのリアクションは人によってさまざまだと思いますが、普通はそれによって一気に殺人に至ることは滅多にありません。

しかし、中には**温厚で常識のある人がカッとなって相手を殴り殺してしまったというケース**もあります。

A君は社会人1年生。実家を離れて1人暮らしを始めました。気になったのが左隣のBさんの部屋から聞こえる大音量の音楽や仲間と騒ぐ声です。深夜でも構わないその生活態度に、A君は睡眠を妨害され続けていました。

ある日、A君の大学時代の友人が遊びに来ました。久しぶりの再会に会話が弾んでいたとき、玄関ドアが激しく叩かれました。ドアを開けると、左隣のBさんが目を吊り上げ、「話し声がうるさいんだよ。人の迷惑も考えろ！」と怒鳴ったのです。

その一言にA君はカッとなり、我を忘れてBさんに掴みかかって首を絞めてしまいました。A君が我に返ったのは数時間後、警察の取り調べ室でのことでした。

A君には掴みかかってからの記憶がまったくありませんでした。このように**我を忘れて記憶がなくなってしまう状態をブラックアウト**＊**といいます。**

＊**ブラックアウト**　お酒を飲みすぎて記憶を失うのもブラックアウト現象の1つ。その原因は海馬（記憶を司る場所）における神経生理が化学的な混乱状態に陥ったことにある。

カッとなってブラックアウトを起こす

ブラックアウトとは**一時的な記憶喪失**のことで、カッとなって人を殺してしまったときも、このブラックアウトを起こしてしまったと考えられます。だとしても、殺人まで犯してしまうものでしょうか。このケースでは、**限界ギリギリまで耐え続けてきたA君が、Bさんが発した一言が引き金となって、爆発の臨界に達していたA君の心を破裂させてしまった**と見ることができます。このような場合のBさんの一言を「**ラストストロー***（最後の1本のワラ）」と呼びます。

たった一言が重大事を招く

ギリギリまで我慢を続けている人の限界点を越えさせてしまう一言があります。そのようなときに人はカッとなり、ブラックアウトを起こして殺人を犯してしまうことがあります。

1　隣の騒音に我慢し続けている

ガタ
ドン
ドン
ドン

2　久しぶりの友人の来訪に歓談

3　隣の男が怒鳴り込んでくる

ブチッ
うっせーんだよ！
迷惑を考えろ！
ラストストローの一言

4　我を忘れて飛びかかる

コノヤロー！
限界を超えて
ブラックアウトに

＊**ラストストロー**　荷駄が限界に達したロバが、ストロー１本追加しただけで倒れたという話から、極限状態に達した場合、たった一言でも重大事を招くきっかけになることを示唆。ラストストロー現象という。

04

近親者の間で多く起こる殺人

夫婦間の殺人、親殺し、子殺しなど、日本では特に近親者間の殺人が多い。

最も多い配偶者間殺人

殺人の被害者と加害者との関係で最も多いのが親族間での犯行です。２０１２年の統計では、殺人の検挙件数に占める被害者が被疑者の親族である事件は全体の53・5％もありました（警察庁調べ）。つまり、半数以上が親族間で起きた殺人だったのです。さらに、親族間の中でも**配偶者の殺人が最も多く**、親族間殺人473件のうち153件、次に親殺しの137件、子殺しの114件、兄弟姉妹殺しの42件と続きます。

家庭内暴力に耐えきれず子を殺す

親による子殺しについては、子どもの激しい家庭内暴力に耐えきれず、父親や母親が子どもに手をかけてしまうなどの痛ましいケースがあとを絶ちません。その原因は複雑です。このケースでは**直接の原因は子どもの家庭内暴力と見ることができますが、その遠因をつくったのは父親や母親にあることが多い**からです。

父親や母親が高学歴で社会的にもエリートである場合、両親の教育熱心さなどが子どもにとってはプレッシャーとなり、いつしか家庭内暴力となって爆発し、逆に両親はその家庭内暴力に耐えきれなくなって子どもを殺してしまうこともあります。

この場合の父親や母親の思いは、子どもに対する愛情ともいえますが、**自分の行動や考えを子どもに押しつける**ことになり、子どもを**支配***しようとする親のエゴともいえます。

＊**支配**　人を管理下に置きたいと願うことを心理学では支配欲求という。逆に相手や集団の指示に従うことで安定したいという欲求を従属欲求（服従欲求）という。

女性の子殺しが多い

犯罪を行う人を性別で見ると、男性は女性の4倍は罪を犯しているといわれます（万引きは例外的）。殺人も女性より男性のほうが多い傾向にあります。ところが夫婦間の殺人事件では、近年は男女ほぼ同数になっています。

女性に多い殺人事件は子殺しです。中でも嬰《えい》児《じ》殺《さつ》（▶P56）のほとんどは女性です。

女性による子や家族の殺害は、**心理的に追い詰められた結果**といえるでしょう。夫殺害の場合も、その多くは家庭内暴力（DV▶P124）などで夫に苦しめられ、「もうどうしようもできない」と思い込んだ末の殺人の場合が多いのです。

子どもが親を殺す理由とは

子どもが親を殺す場合、親の暴力や抑圧から逃れるためだったり、自立したいのに親から阻まれたためだったりなど、その背景はさまざまですが、どれも子どもの悲痛な叫びが聞こえてくるようです。

2005年に東京で起きた**板橋両親殺害事件**は、当時15歳だった長男が寮管理人だった父親を鉄アレイで殴り、包丁で刺して殺害。母親も

MEMO OF CRIME

子どもが抱き続ける バッド・マザーとグッド・マザー

子どもは赤ん坊のときから、よくも悪くもあらゆる影響を母親から受けて育ちます。例えば、どんなに泣いても母乳をもらえなければバッド・マザー*（悪い母親）、反対に母乳をたっぷりもらえればグッド・マザー（よい母親）といった具合です。

幼いころはグッド・マザーとバッド・マザーを別々の人間として記憶しますが、通常は成長とともに両者は同一人格であることを認識していきます。しかしバッド・マザーの記憶が強すぎると、この統合がうまくできず、成長してからも自分でも気づかないうちに、母親や父親への恐怖や憎しみを心の底に抱いていることがあるのです。

＊**バッド・マザー**　オーストリアの精神分析家メアリー・クライン（1882～1960）は、赤ん坊は同じ母親をあるときはバッド・マザー、あるときはグッド・マザーで別の人だと思い込んでいるとした。

刺殺し、その後、時限発火装置を仕掛けて寮を爆発させました。このセンセーショナルな事件を起こした少年は、周囲からは**礼儀正しい普通の子**と見られていました。

しかし、逮捕後、少年は父親に「頭が悪い」と罵られていたことなどを供述。父親から認められていないという意識を常日ごろから抱いていたのかもしれません。このような事件は、**親子関係が希薄で、両親の愛を実感できなかったた**めに起きたとも考えられます。だからこそ少年は、**親の愛に飢えていた**ともいえます。

また、「礼儀正しい普通の子」であっただけに、親に自分の気持ちを打ち明けられず、**感情を抑え込み、さまざまな心の問題を生み出していた**とも考えられます。

子どもは親を疎ましく感じることも憎むこともありますが、同時に親に世話になっている、愛されていると感じることもあります。子どもの心の中には「悪い親のイメージ」（**バッド・マザー**）と「よい親のイメージ」（**グッド・マザー**）が混在・融合しています。ところが、この融合がうまくできず、**バッド・マザーの部分だけが大きくなってしまったとき、親を殺す衝動に駆られてしまう**のかもしれません。

増える介護・看病疲れによる殺人

近年増えているのが**介護・看病疲れによる殺人**です。「**老老介護***」は、すでに珍しくない光景です。例えば、献身的に妻を介護してきた96歳の夫が、91歳の妻を殺した事件もありました。その背景には**子どもとの没交渉、夫の負担増などがあり、「自分が死ねば妻が困る」という思い**から精神的に追い込まれたようです。

また、障害者を老いた親が介護する「**老障介護***」から、自分の死後、誰も面倒を見る人がいなくなるのを心配して殺害する殺人もあります。こうした現状は、行政を取り込んだ解決に向けての取り組みが必要となっています。

＊**老老介護**　高齢者が高齢者の介護をせざるを得ない状況のこと。高齢同士の介護は家族が共倒れする恐れや心中事件が起きる可能性が高く、社会問題となっている。

家族だからこそ起こるコンプレックス

コンプレックスとは、無意識の中に封じ込められた意識や感情、願望、思考など複合して形成されたもので、外部からの刺激で活性化します。そして、家族だからこそ起こるコンプレックスがあり、それが原因で殺人にまで発展することもあります。

エディプス・コンプレックス

息子が父親に殺意を抱く

ギリシャ神話のオイディプスの話にちなんでフロイトが命名しました。3〜5歳の男子が無意識のうちに異性である母親に愛情を抱き、同性である父親にライバル心を抱くというものです。その一方で、父親は尊敬の対象でもあるので、相反する感情が共存していることになります。

実際に男性ならだれでも一度や二度、意味も無く父親に反抗したり、時には必要以上に憎しみを覚えた経験があるかと思います。それはエディプス・コンプレックスのせいと考えられます。

普通は親を殺すまでには至りませんが、時には母親への固執が解けなかったり、何らかの理由で父親への憎しみが増幅された場合は、殺人へと突き進むケースがあります。

カイン・コンプレックス

きょうだい間で起こる

きょうだい間で起こる憎しみや嫉妬などの葛藤をカイン・コンプレックスといいます。カインとは旧約聖書に出てくるアダムとイブの子どもで、弟アベルとの確執から弟を殺害してしまったという話から、心理学者のユングが命名しました。

きょうだい間での心理的な葛藤は誰でも経験することで、通常は成長する過程でその処理方法を学んでいきます。しかし、最近は生活環境や家族関係の変化、さらに1人ひとりの精神的な耐性の低下などもあり、成長するにつれ、かえって憎悪を募らせていってしまうこともあるといわれています。

＊**老障介護**　親が老いても障害がある子どもを介護し続ける状態。安心して子どもを預けることができる場所が無く、経済的にも体力的にも精神的にもギリギリの状況で介護を続けている人が増えている。

05

連続殺人と大量殺人

人を殺すこと自体が目的の連続殺人、社会に復讐したい大量殺人。

犯人なりのこだわりがある連続殺人

殺人のスタイルにはいろいろなタイプがありますが、1人あるいは少数の加害者が複数の人を殺害することを、**連続殺人**あるいは**大量殺人**などと呼びます。

連続殺人とは、ある期間にわたって殺人が何度も繰り返されるものです。そして、事件と事件の間には**冷却期間**と呼ばれる一定の間隔が空きます。

恨みや嫉妬といった精神的な葛藤が原因の**葛藤殺人**や、金品を奪うために行われる**利欲殺人**などとは異なり、人を殺すこと自体を目的としています。その点から、**快楽殺人**（▼P76）の1つといえる場合もあります（殺人の5つの分類▼P62）。

連続殺人は、**殺害方法や遺体の取り扱いなどにおいて、犯人ならではのこだわりがある**場合がほとんどです。猟奇的殺人事件といわれる**宮《みや》崎《ざき》勤《つとむ》事件**や**酒鬼薔薇《さかきばら》事件**も連続殺人事件（▼P243）といえるでしょう。

快楽殺人といえば、ドイツの犯罪精神医学に「**血の酩酊《めいてい》**」*という言葉があります。これは最初の殺人で血を見たことで、一種の興奮状態に陥り、それによって次々と人を殺害し、結果として連続殺人に至ってしまう現象です。

このような心理状態のときは、最初の殺人については記憶がありますが、2番目以降は曖昧であったり、まったく覚えていないこともあります。

＊**血の酩酊**　憎しみや復讐などの動機などによって誰かを殺し、初めて血を見たとき、異様なエクスタシーを覚え、以後、麻薬に取り憑かれたように殺人を繰り返す状態のこと。

怒りや復讐心から大量殺人に

一方、**大量殺人は一度に複数の人を殺害するケース**です。これは、**怒りや復讐心が動機と**なっている場合が多いといわれています。多くは会社や学校など、直接自分が関係する人々に向けられますが、時としてまったく無関係の人々に向けられることもあります。

大量殺人の犯人には、類似した犯行パターンがあるとされています。まず、犯人は普段から挫折や絶望を感じていて、特に事件直前には、犯行のきっかけとなるような大きな絶望体験をしています。

また、**うまくいかない自分の人生は、すべて社会や学校、会社や周辺住民のせい**だと思っています。さらに**自殺願望***がありますが、自分1人が死ぬのは納得できないという思いがあり、自分をこんなにした社会に復讐したいと考えるのです。

MEMO OF CRIME

自殺の道連れに大量殺人「津山事件」は前代未聞の殺戮《さつりく》事件

日本の犯罪史上、最大の大量殺人事件は岡山県西加茂村（現・津山市）で起きた津山事件です。犯人の都井睦雄《といむつお》は、幼いころから身体が弱く、家にこもりがちで、次第に自暴自棄になっていきます。19歳のときには肺結核と診断され、徴兵検査も不合格に。失意の都井は、異常な性欲に走り始め、自分を拒否した女性には激しい憎しみを抱くようになります。そして1938年（昭和13年）5月21日の深夜、腰に日本刀1本と短刀2本を差し、実弾200発と猟銃を用意し、凶行に及びました。自分の祖母、母親と息子、そして隣家の住人と、1時間半の間に12戸を襲い、30人を惨殺。都井本人は山中で自殺しました。

村八分、不治の病、そして村人に対する恨みが一挙に爆発し、自殺の道連れに30人もの人を殺害したのです。推理作家の横溝正史《よこみぞせいし》が、この事件をモデルに『八つ墓村』を完成させたのは有名な話です。

＊**自殺願望**　死にたいと思うこと。「生きているのが嫌だ」「死ねるものなら死にたい」などの気持ち。うつ病が進行すると自殺願望が強くなる。一方、希死念慮とは、死ななければならないという思いのこと。

06

「誰でもいいから殺したい」通り魔

通り魔は、人が集まる場所、注目を集める場所で犯行に及ぶ。

人が集まる場所を狙う通り魔

2008年に東京・秋葉原で発生した**秋葉原通り魔事件***は、死者7名、重軽傷者10名を出し、通り魔事件の中でも最悪の**無差別殺傷事件**として記憶に残ります。

犯行に及んだ当時25歳の元自動車工場派遣社員の男は、逮捕後、**「何もかもうまくいかなかった」「誰でもいいから殺したかった」**と述べています。このように、特定の誰かではなく、**不特定多数の人を殺してしまう**のが、通り魔事件の特徴といえます。たまたま、その場に居合わせた人が被害者になるのです。警察の定義によると、通り魔事件は、**人が自由に行き来している場所が犯行現場**となります。また、周囲から目立つように犯行に及ぶという特徴もあり、秋葉原の事件では買い物客で賑わう日曜日の歩行者天国が実行現場として選ばれました。

動機は「自殺願望」

動機については、一般的な殺人事件は、金品の強奪や個人的な怨恨など、特定の誰かに対する何らかの動機があるものですが、通り魔事件ではこうした確たる動機はなく、それまで生きてきた環境や経験・体験などから生まれるさまざまな葛藤を経て、**自殺願望（拡大自殺）**が生じると思われます。

このような通り魔事件の犯人は、独身で安定した仕事に就いておらず、**家族や地域などの社会的集団から孤立している**ことがほとんどです。

＊**秋葉原通り魔事件**　犯人が運転する2トントラックが秋葉原の交差点に突入。歩行者5人をはね飛ばし、さらに車から降りて通行人や警察官をダガーナイフで殺傷した。

幼少時代は機能不全家庭*で育ち、心が深く傷つき、それが癒されないまま大人になってしまったと考えられます。そのため、劣等感が強く、**「社会が自分を拒絶している」と思い込み、激しい憎悪や恨みを抱く**ようになります。そして行き場のない怒りが爆発し、見ず知らずの相手を襲ってしまうのではないでしょうか。

秋葉原通り魔事件の犯人も、特定の職についておらず、職を転々としていました。仕事も人間関係も人生も思い通りにならないイライラや不満が蓄積していった末に、「世の中が嫌になって」凶行に及んだと考えられます。

通り魔殺人はなぜ起きる？

通り魔に及ぶ犯人には、確たる動機がないのが特徴です。しかし、社会的集団から孤立しているという共通点はあるでしょう。

犯人像と生い立ち

20代から40代の男性に多い。

機能不全家庭に育つ。ネグレクト（育児放棄）、虐待などを受けて育ち、親からの愛や世話を受けられず、心が深く傷つき、それが癒されないまま育つ。

↓

- **定職に就けない（転職を繰り返す）**
- **人生において失敗の連続**

↓

社会的集団から孤立

↓

- **自殺願望 → 自殺の道連れ**

＊**機能不全家庭**　機能不全家族ともいう。アメリカの社会心理学者クラウディア・ブラックが提唱したもので、家族機能を果たしていない家族のこと。虐待やネグレクト（育児放棄）などで家庭崩壊している状態。

07

人を殺すのが面白い快楽殺人

性的サディズムがエスカレートしていき、殺人に至る場合がある。

性的サディズムと深い関係がある

　世の中には、殺人を行うことで快感や性的興奮を覚える人がいます。この快楽を求めて行われる殺人を**快楽殺人**と呼びます。金銭などを目的とした**利欲殺人**や、憎悪や嫉妬などの**怨恨殺人**と異なり（▼P64）、一度では満足せず、長期間に渡り、何度も繰り返されるのが普通です（**連続殺人**▼P72）。

　快楽殺人は、**性的サディズム**と強い関係があると考えられています。性的サディズムは性的嗜好の1つで、それ自体は犯罪ではなく、同好の士は多数います。通常は暴力ポルノや暴力映画などを見て満足しますが、稀にそれでは快感を得られない人がどんどんエスカレートしていって、殺人に至るのです。

　また、犯人の多くは**幼いころから小動物の虐待や殺害**をしており、小動物に飽きたらずに殺人にまで至るというのが典型的なパターンです。

　快楽殺人は、凄惨な**死体損壊**（**バラバラ殺人**▼P78）や**性器損壊**、時には**食人**（**カニバリズム**＊）を伴います。殺人に性的快感を覚えるため、解体した死体を見ながら自慰行為をすることもあるようです。

酒鬼薔薇事件と宮崎勤事件

　酒鬼薔薇《さかきばら》事件（▼P243）の酒鬼薔薇聖斗《せいと》も、鑑定医の質問に対して、「初めて勃起したのは小学5年生で、カエルを解剖したときです。中学1年では人間を解剖し、はらわたを貪《むさぼ》り食

＊**カニバリズム**　cannibalism。人間が人間の肉を食べる行動。1981年にパリで日本人留学生が知人女性を射殺し、死姦後にその肉を食べた事件（パリ人肉事件）がある。

う自分を想像して、オナニーしました」（『新潮45』掲載「酒鬼薔薇は治っていない」一橋文哉）と答えたといいます。そして、ついに彼は殺人を犯し、エロティシズムを体験したと考えられます。精神科医は、それを「性的サディズム」と呼びました。

宮《みや》崎《ざき》勤《つとむ》事件（▶P243）は、宮崎勤が強制わいせつ容疑で現行犯逮捕された後、連続幼女誘拐殺人事件へと発展します。彼は幼女の死体を焼いた現場で骨に愛撫するなど、その犯行の異常性が際立っていました。公判においては「犯行は覚めない夢の中でやった」などという発言もしています。彼の性愛の対象は成人の女性より幼女であり、幼女より死体を愛し、さらに死体を解体したものをビデオに撮るなどして満足感を得ていたと分析する人もいました。

ファンタジーと快楽殺人

幼児期に親の愛情に恵まれず虐待などの**トラウマ***を体験し、思春期以降に性的空想と性的快楽が繰り返され形づくられるものを「**ファンタジー**」と呼びます。快楽殺人は、このファンタジーな世界を現実に実現させようとした行為ということができるかもしれません。

MEMO OF CRIME

「ファンタジー」な『羊たちの沈黙』

1991年にアカデミー賞を受賞したアメリカ映画『羊たちの沈黙』は、若い女性が殺害され、皮膚をはがされるという連続猟奇殺人事件の犯人「バッファロー・ビル」の話です。事件の解明に協力したハンニバル・レクター博士は、殺害した人間の臓器を食べる嗜好があることから、「人食いハンニバル」とも呼ばれました。

アメリカは、日本に比べて圧倒的に快楽殺人が多い国だといわれています。バッファロー・ビルも一種の快楽殺人者と考えられます。そして彼は、「ファンタジー」そのもののモンスターといえるかもしれません。

＊**トラウマ**　心的外傷。フロイトは、物理的な外傷が後遺症となると同様に、過去の強い心理的な傷が、その後に精神的障害をもたらすと発表した。その際に「精神的外傷」を「トラウマ」と表現した。

08

残虐な殺人者に良心はない？

人としての感情がない情性欠如者は残忍な犯罪を犯す危険性がある。

性格に極端な偏りがある人がいる

さまざまな犯罪報道の中で、**大量殺人**（▶P72）や**無差別大量殺人**（▶P74）など、見ているほうが強い衝撃を受ける犯罪があります。そんな中でも特に残忍性を感じさせるのが**バラバラ殺人***ではないでしょうか。人を殺《あや》め、さらに遺体を解体するという、一般の人なら戦慄を覚えるような猟奇的犯罪を行う人の心理とは、いったいどのようなものなのでしょうか。

世の中には精神病ではないけれど、**性格に極端な偏り**がある人がいます。例えば、些細なことですぐに激高して暴力をふるったり、また他人の言動に対して敏感で、何事も過剰に受け止め、常に自分が悪いと責め続ける、そのような人たちを**精神病質者***といいます。

バラバラ殺人と精神病質との関連は明確ではありませんが、その傾向を疑ってみる余地は確かにあるかもしれません。

パーソナリティ障害とは

アメリカ精神医学会による精神疾患の診断・統計マニュアル、通称「**DSM**」では、精神病質と同様な概念のものを**パーソナリティ障害**と呼んでいます。

パーソナリティ障害とは、「その人が属する文化から期待されるものから著しく偏り、青年期または成人期早期に始まり、長期にわたり変わることなく、苦痛または障害を引き起こす肉体的体験および行動の持続的様式である」（『D

＊**バラバラ殺人**　殺人後、死体を分割したり、分割した一部を圧壊したりすること。犯行を隠蔽するのに好都合であるためや、激しい憎悪からバラバラにすることもある。

さまざまなパーソナリティ障害

アメリカ精神医学会は、精神疾患の分類と診断基準を「DSM－5」として発表しています。DSMとは、『Diagnostic and Statistical Manual of Mental Disorders（精神疾患の診断・統計マニュアル）』の頭文字をとったもの。

A群

奇妙で風変わりに見える人

❶ **猜疑《さいぎ》性/妄想性パーソナリティ障害**
不信感や猜疑心が強い。

❷ **シゾイドパーソナリティ障害**
非社交的で、他人への関心が乏しい。

❸ **失調型パーソナリティ障害**
人と親しい関係を築けず、風変わりな行動や考え方をする。

B群

感情的で不安的に見え、演技をしている

❶ **反社会性パーソナリティ障害**
反社会的で衝動的、向こう見ずな行動が特徴。良心の呵責がない。

❷ **自己愛性パーソナリティ障害**
自分は特別な存在と思い込み、傲慢で尊大な態度をとる。

❸ **境界性パーソナリティ障害**
感情や対人関係が不安定で、衝動的な行動をとる。アルコールや薬物などの乱用、無謀運転など。

❹ **演技性パーソナリティ障害**
注目されるために派手な格好をしたり、演技がかった態度をとったりする。

C群

不安でおびえているように見える

❶ **回避性パーソナリティ障害**
周囲からのマイナス評価を極端に恐れ、対人関係を避ける。

❷ **依存性パーソナリティ障害**
誰かに依存したいという思いが強く、何事も自分で決められない。

❸ **強迫性パーソナリティ障害**
完全主義で、非常に頑固。融通性がない。

＊**精神病質者**　精神病質は英語でpsychopathy（サイコパシー）。精神病質者はpsychopath（サイコパス）。先天的な原因があるとされ、脳の共感性を司る部分の働きが弱いとされている。

SM－5 精神疾患の分類と診断の手引』医学書院）とされています。つまり、生得的要因と環境的要因のいずれも犯罪の遂行に影響を与えていますが、生得的要因の資質が影響していると考えられるものの1つがパーソナリティ障害、あるいは精神病質と呼ばれるものです。

「DSM－5」（左図）では、大きくA群、B群、C群の3つに分けられ、それぞれがさらに複数に分類されています。殺人事件を犯す人は「DSM－5」で見ると、B群の**反社会性パーソナリティ障害**が該当します。

反社会性パーソナリティ障害の人は、**他人の権利を無視したり侵害するのも平気で、衝動性があるために犯罪を起こしやすい**といわれています。また、**良心の呵責がないため、凶悪な犯罪を何度でも繰り返します**。

他人にも自分の感情にも無関心

ところで、精神病質者の診断基準において、DSMの分類の以前には、ドイツの精神科医**シュナイダー***がカテゴリー化した「精神病質者の10の分類」が使用されていました（左図）。

これによると、猟奇的犯罪を引き起こしたのは、精神病質者10の分類の中の、**情性欠如者**がほとんどといわれています。情性とは同情や憐れみ、親しみ、思いやり、共感、羞恥心など、人としての感情のことで、情性欠如者とは、人の心を持たないということになります。

そこで、普通では考えられないような残忍なことでも、平然と行うことができるというわけです。情性欠如者の例としては大阪・池田市で起きた**大阪教育大学附属池田小・児童殺傷事件***の犯人が挙げられます。ちなみにこのタイプの人は**自分の感情にも無関心**といわれています。

また10の類型のうち、犯罪を起こしやすいのは1～6のタイプといわれますが、残忍な犯罪者の多くは複数の類型を併せ持っていると考えられています。

＊**シュナイダー**　クルト・シュナイダー（1887～1967）。精神疾患の診断の進歩に貢献。統合失調症の研究者としても知られ、特徴的な症状のリストを作成した。

シュナイダーの「精神病質者の10の分類」

精神病質者の診断は、アメリカ精神医学界によるＤＳＭ以前はシュナイダーの分類が一般的に用いられていました。

TYPE 1 意志欠如型

意志が弱く、周囲の人々や環境に影響されやすい。計画性がなく、何事にも飽きやすくて持続性がない。犯罪者に最も多いタイプ。

［犯しやすい犯罪］窃盗、詐欺、横領など

TYPE 2 発揚型

気分がいつも爽快で明朗活発だが、軽率な言動が多く、周囲とトラブルを起こしやすい。

［犯しやすい犯罪］詐欺など

TYPE 3 自己顕示型

見栄を張ったり、ウソをつくなどして、目立とうとする。極端な自己中心的。自分の空想を信じてしまうこともある。

［犯しやすい犯罪］詐欺など

TYPE 4 爆発型

些細なことですぐにカッとして暴力をふるったりする。すぐにキレて暴力をふるうタイプと、蓄積して大爆発する2つのタイプがある。

［犯しやすい犯罪］暴力事件、殺人など

TYPE 5 情性欠如型

同情、羞恥、良心といった人間的感情に欠けていて、平気で残虐な犯罪を行う。自分や他者の苦痛、危険、未来に対して無関心。

［犯しやすい犯罪］連続殺人、大量殺人、強姦など

TYPE 6 狂信型

特定の観念に固執する。闘争的なタイプと、そうでないタイプがある。

［犯しやすい犯罪］カルト教団の狂信者として反社会行動を起こすなど

TYPE 7 気分易変《いへん》型

高揚感から抑うつ感への変化が激しく、しばしば不機嫌、うつ気分、イライラなどに陥る。

［犯しやすい犯罪］放火、万引きなど

TYPE 8 自信欠如型

小心、内気、自意識過剰で、周囲の環境や人間環境の変化に敏感。

気が小さいので犯罪を犯すことは少ない。

TYPE 9 抑うつ型

何事も悲観的に捉え、自己に自信が無く、抑うつ的。

直接犯罪につながることは少ない。

TYPE 10 無力型

神経質で、心気症的な不安を抱きやすい。何事にも無気力。

直接犯罪につながることは少ない。

※①〜⑥のタイプは主に他者を悩ませる。⑦〜⑩のタイプは主に自分が悩む。

＊**大阪教育大学附属池田小・児童殺傷事件**　2001年、附属池田小に男が侵入し、児童8人を殺害、教師を含む15人が重軽傷を負った事件。男は精神鑑定で情性欠如者で妄想性パーソナリティ障害と診断された。

09

犯行後も平然としていられるのはなぜ？

犯行を「なかったこと」にして、心の崩壊から自分を守ろうとする。

報道陣に平然と答える真犯人

殺人犯と知らずに、逮捕前にその殺人犯と接触があった知人や住民が、「いつもと変わらなかった」などと、逮捕後にマスコミのインタビューに答える場面を見かけることがあります。

2008年に起きた**江東マンション神隠し殺人事件***は、その逆のケースです。当時23歳の女性が東京・江東区の自宅マンションから忽然と消え、親族から捜索願が出されました。自室の玄関には少量の血痕があったことから警察は事件としても捜査を始め、1か月後、女性の部屋の並びに住む男（当時33歳）を住居侵入容疑で逮捕し、その後、殺人容疑で再逮捕しました。

加害者の男は、まだ事件が捜査中だったとき、被害者の父親とエレベーターで乗り合わせた際に、「大変なことになりましたね」と話しかけたそうです。また、**マンションの外で待ち構える多くの報道陣からのインタビューにも応じて、失踪した女性の安否を気遣う素振りを見せていました**。

一般に人は何かを隠していたり、後ろめたいことがあったりすると、相手の前では会話や挙動が不自然になりがちです。それなのに、殺人を犯しても平然としていられるのはなぜなのでしょうか。

「なかったことにする」防衛機制*

人の心は柔軟性があり、苦痛となる願望や恐怖、不安などの心理的葛藤を、日々受け止め、

＊**江東マンション神隠し殺人事件**　被害女性の自宅マンションに設置された監視カメラの記録に女性がマンションから外出した形跡がないことから「神隠し事件」と呼ばれた。

処理しています。しかし、それが殺人のように重大な出来事になると、人は心理的葛藤に耐えきれず、心が崩壊寸前となってしまいます。

そのようなとき、人は**心理的葛藤や出来事自体を意識から追い出し、まるでなかったかのようにしてしまう**のです。このような状況を「**抑圧**」と呼びます。抑圧は**防衛機制**（▶左図）の1つで、防衛機制は、葛藤状況の多い現実とうまく折り合っていくために、日常的に使われているものです。つまり、犯した殺人という行為を「なかったこと」としているから平然としていられるのかもしれません。

防衛機制とは

防衛機制は誰にでも現れる正常な心理作用で、通常は無意識のうちに発生します。おもな防衛機制を紹介します。

反動形成　自分の気持ちとは反対の行動をとること。気が弱い人が強がりを言うなど。

置き換え　憎しみ、愛情などの抑圧された感情を、別の正しいと認められた目標や行動に置き換える。きょうだいからいじめられている子どもが、学校でいじめっ子になるなど。

合理化（正当化）　できなかったことを、理由をつけて正当化し、納得させようとする。恋人に振られた人が、その人の粗探しをするなど。

退行　前の発達段階に戻ること。欲求不満が長く続くと、赤ちゃん言葉を使って赤ちゃん返りをするなど。

逃避　空想または病気によって現実から逃れようとすること。

昇華　コンプレックスをスポーツや芸術などで解消すること。性的衝動や攻撃衝動などを社会的に有用な活動に転化する。

抑圧　自分の欠点や落ち度などに気づいていながら、そこから目をそらして気がつかないように抑え込んでしまうこと。ミスをしても「運が悪かった」などと別のところに原因を求めたりする。

＊**葛藤**　同時に2つの相容れない欲求があるときに、どちらにするのか選択できずにいる状況をいう。対人葛藤、利害葛藤、認知葛藤、規範葛藤などがある。

TOPICS 3

自殺願望は周囲を巻き込むこともある

日本の自殺者数は1997年の2万4391人から1998年には3万2863人へと急増しました。これは1日当たり90人近くが自殺している計算になり、自殺未遂者を入れると、さらにその数は増えていきます。特に、若い世代の自殺は深刻で、20代、30代の死因のトップは自殺です。男性だけを見てみると、40代前半の男性の死因も自殺がトップです（2012年）。

自殺は、自分で自分の命を絶つことですから、犯罪ではありません。しかし、文字どおり、何らかの理由があって自分を殺す行為であり、深刻な社会問題の1つであることには間違いありません。

自殺の原因・動機は、高齢者は健康問題が圧倒的に多く、40代、50代は健康問題に次いで経済・生活問題が多くなっています。20代、30代は、それらに加えて、家庭問題、勤務問題、男女問題がほぼ同じ割合で入っています。10代については、学校問題が大半を占めています。

自殺願望は、時には周りを巻き込むこともあります。絶望から社会を逆恨みし、「みんなを道連れに自殺する」大量殺人を犯すこともあります。これを拡大自殺といいます。わが子や親、恋人などを道連れにする無理心中も拡大の一種です。あるいは、死刑になりたいから人を殺すという、まったくはた迷惑な間接自殺もあります。

第3章

性犯罪を起こす心理

01

性犯罪の種類と刑罰

性犯罪の中でも重大な事件になるのが強姦と強制わいせつ。

強姦と強制わいせつの違い

いくつかに分類される性犯罪（▶左図）の中でも重大犯罪と位置づけられるのが強姦（レイプ）と強制わいせつです。

強姦は、暴行・脅迫を伴う男性器の女性器への挿入をいい、**被害者は女性に限定**されています（逆強姦は刑法上は強姦罪の適用対象とはならない）。**強制わいせつ**は、暴行または脅迫を加えてわいせつな行為をするもので、**男女ともに加害者・被害者になり得ます**。

わいせつ行為は、女性だけが対象と見なされることが多いかもしれませんが、男性もまた被害者となることがあり、男性の場合は被害者の年齢層が低いのが特徴です。

さらに、**わいせつ目的の略取***・**誘拐**も重大犯罪と位置づけられます。

それ以外の性犯罪として挙げられるのが、下着泥棒などの窃盗、痴漢、のぞき、つきまとい（ストーカー）、露出症（公然わいせつ）、盗撮、児童への性的行為（淫行）などです。

下着泥棒は窃盗罪や住居侵入罪、**のぞき**は軽犯罪法違反、**盗撮**も軽犯罪法違反や迷惑行為防止条例違反、**公然わいせつ**は公然わいせつ罪、18歳未満の**児童への性的行為（淫行）**は青少年保護育成条例違反などに問われます。

痴漢は、迷惑行為防止条例違反や、時には強制わいせつ罪に問われることもあります。**ストーカー**は、ストーカー規制法によって処罰されます。

＊**略取**　力ずくで奪い取ること。法律では、暴力・脅迫などによって人を連れ去ることをいう。誘拐も同じような意味だが、「騙して誘い出す」という意味合いが含まれる。

性犯罪のおもな種類

性犯罪とは、性に関する犯罪のこと。それを規制するさまざまな法律があります。

強姦

▶▶P88

強制わいせつ

▶▶P88

わいせつ目的の略取・誘拐

▶▶P100

下着泥棒

▶▶P94

痴漢

▶▶P96

ストーカー

▶▶P98

のぞき

▶▶P92

公然わいせつ

▶▶P90

盗撮

▶▶P93

＊**迷惑行為防止条例**　公衆に著しく迷惑をかける行為を防止し、住民生活の平穏を確保することを目的とする条例で、各都道府県（一部市町村別）に定められている。親告罪ではない。

02

強姦・強制わいせつ――男はなぜ女を襲うのか

性犯罪の中でも、被害者が最も傷つき、一生苦しむことになる重大犯罪。

認知件数は氷山の一角

強姦（レイプ）・強制わいせつは、第三者の意志に反して、暴力や脅迫、凶器を用いたりして性行為をすることをいいます。**心身ともに深く傷つけられるだけでなく、著しく尊厳を踏みにじられ、その心の傷は一生癒えることがない**だけに、大罪といえます。その被害者の大半は女性ですが、男性被害者も同じように被害に悩み、傷ついています。

2013年の『犯罪白書』によると、強姦の認知件数は1260件、強制わいせつの認知件数は7263件でしたが、これはほんの氷山の一角といわれています。というのも、強姦は**親告罪***（本人からの被害届により捜査が開始される）であるため、まだまだ認知されない事件が起きていると考えられます。

意に沿わない性行為は強姦

欧米では、強姦は顔見知りから被害を受けるケースが多く、恋人や友人、夫が加害者という場合もあります。わが国においては、見知らぬ人からの被害が多くなっています。知人・友人からの被害が強姦と認識されないことも影響していると考えられます。

恋人間、夫婦間における強制的な性行為を、最近まで犯罪とは認めていませんでした。性行為を強制されても、それを受け入れるのが当然と考えられていたからです。しかし、性行為はお互いの意志に基づいて行われることが基本と

＊**親告罪**　告訴（犯罪を申告し、処罰を求める）がなければ起訴できない犯罪のこと。強姦罪、強制わいせつ罪のほかに未成年者略取・誘拐罪、ストーカー規制法違反の罪など。

の考えから、現在は**意志に沿わない性行為は強姦**と見なされるようになりました。

また、強姦は衝動的犯行と思われがちですが、実は計画的な場合が多く、特に複数で行う**輪姦***は圧倒的に計画的犯行が多くなっています。

一方、強制わいせつは衝動的で、見知らぬ人に対して実行されることが多いのです。

現状への不満、女性に対する劣等感

これまで強姦や強制わいせつは、**性欲のはけ口**として行われると考えられていましたが、最近は、**自分の現状に不満があったり、男性としての自分に自信がなかったり、また女性に対して劣等感を抱いていたり**と、それらが女性への攻撃となって表れているケースもあります。また、性行為そのものではなく、**強姦という行為そのものによって性欲が満たされる**人もいます。

犯人は一度味をしめると、何度も繰り返すのが一般的です。

MEMO OF CRIME

社会に広がる強姦神話が被害者をさらに傷つける

世の中では「強姦神話」と呼ぶべきことが信じられています。それゆえに、性暴力被害に遭った被害者は、さらに精神的に傷つけられ、「自分が悪かった」と自責の念に苦しめられる人も多数いるのです。「強姦神話」は、心ない思い込みや、強姦に対する誤解であり、根拠のないものです。事実をしっかり認識し、二次被害を防ぎたいものです。

［強姦神話の例］

- 若い女性だけが被害に遭う（▶乳幼児から高齢者まで被害に遭う）
- 挑発的な服装や行動など、女性側に原因がある（▶被害者の多くは挑発的な服装、行動をしていない。加害者はむしろ地味な服装の女性を狙う）
- 女性は襲われることを望んでいる（▶男性側の勝手な思い込み）
- 受け入れたのは、潜在的にせよ、女性に望む気持ちがあったから（▶恐怖や不安、ショックで、声を上げられない状態になってしまう）

＊**輪姦**　１人を複数の人間が強姦すること。刑法上は「集団強姦」と使われる。強姦は親告罪だが、輪姦は親告罪ではないので、示談によって告訴が取り下げられても公訴提起することができる。

03

公然わいせつ――性的臆病の裏返し

性器を露出し、女性や女児たちの反応を見て性的満足を得る露出症。

公然わいせつの代表が「露出」

わいせつとは、ある事典によると、「**社会通念に照らして性的に逸脱した状態のこと**」とされています。わいせつに関わる法律（わいせつ、姦淫及び重婚の罪）には、公然わいせつ罪、わいせつ文書等頒布《はんぷ》罪、強制わいせつ罪などがあります。

公然わいせつ罪とは、不特定多数の中でわいせつな行為をしたことによる罪で、罰則は6か月以下の懲役もしくは30万円以下の罰金、または拘留《こうりゅう》、科料《かりょう》とされています。最も特徴的なものに「**露出**」、すなわち**自分の性器を見知らぬ人に露出する行為**があります。また、ストリップショーでダンサーが客の前で全裸になるケースも公然わいせつの罪に問われます。

「見られたい」という願望の表れ

精神分析学者フロイトは、**リビドー***の発達段階において、3~6歳の時期はペニスがその主役をなし（女児はクリトリス）、男女の性的違いに気づいていく時期（**エディプス期＝男根期**）としました。この時期、男児はペニスへの関心が増します。通常は社会性とともに失われていきますが、成人になっても露出癖が残っている人もいます。

露出症（癖）は、ある意味「注目されたい」という願望の表れでもあります。加害者は、見知らぬ相手に向かって自分の性器を露出したりすることで性的快感を得ます。性器を見た相手が

↘は口唇で乳を吸うのが快感で、肛門期は排泄がリビドーとなり、潜伏期は一時的にリビドーが抑圧される。性器期は生殖が目的となり、性対象を求めるようになる。

ショックを受けて逃げ出したり、不愉快な顔をしたりするのを見るのも喜びの1つです。さらに、その光景を思い出したり、被害女性との性行為を想像して自慰を行うこともあります。

未熟で性的に憶病

「露出」の加害者の多くは**性的に憶病で、性行為に自信がない**ことが挙げられます。相手と身体的に接触しての性行為が不可能で、視線を介することでしか性的な興奮を得られないタイプ（**純粋型**）もいますが、女性に対して劣等感を抱き、その代償として露出に走るというタイプ（**非純粋型**）もいます。一般に独身者が多いと思われがちですが、非純粋型は、結婚していたり、パートナーがいたりすることも珍しくありません。家庭や職場などでのストレスによって、露出行為に走るといわれています。

露出のターゲットとなるのは女性がほとんどですが、相手が子どもの場合は男女を問いません。一般に成人女性より**思春期の少女や幼い女児が狙われる**傾向にあり、直接の接触行為がないとはいえ、相手に心理的に大きな傷を負わせることは容易に考えられます。特に女児の精神的ショックは並大抵のものではありません。

MEMO OF CRIME 露出行為の境界は時代や国によって変わる

露出がどこまで許されるかは、時代とともに変わっています。日本では、長い時代を彩ってきた和服は女性の身体を包み隠すものでしたが、洋服に変わり、足や腕を見せるようになり、さらにミニスカートが流行し、女性が足を大胆に露出することに抵抗がなくなってきました。今では肩や胸元などへと露出の範囲が広がってきています。

また、宗教や国、社会通念によっても判断が異なります。例えば、イスラム教圏では、女性が肌を露出することが禁じられています。一方、アメリカや南米の国々のように、トップレスで日光浴することを許している国もあります。

＊**リビドー**　性衝動。人が持つ性的エネルギー。フロイトはその性的発達段階を、口唇期（0～18か月）、肛門期（1～3歳）、男根期（3～6歳）、潜伏期（6～12歳）、性器期（12歳以降）に分けた。口唇期↗

04 のぞき——視姦嗜好を満たしてくれる

のぞき趣味も、度を越すと迷惑行為条例違反や軽犯罪法違反になる。

「見たい」という願望の表れ

露出症（▶P90）が「見られたい」という願望によるものなら、**「のぞき」**は**「見たい」という願望の表れ**といえます。例えば、高校の部室で女子生徒の着替えシーンを男子生徒がのぞき見したという話はよくあります。これなどは、成長過程で見られる行為であり、許されることではありませんが、かわいいものだという意見もあるでしょう。

写真週刊誌や袋綴じ*を差し込んだ雑誌、ストリップやのぞき部屋といった性風俗店も存在します。これらは男性の**「視姦」**（目で見て空想の上で女性を犯す行為）嗜好《しこう》を満たしてくれるものだといえます。

「のぞき」という行為は、例えば人の家庭をのぞいてみたいとか、女性だけの会では何をしゃべっているのかのぞいてみたいなど、男女を問わず好奇心としてありますが、それが病的になって、**女性の裸体や性行為、排泄行為をのぞき見て、性的な興奮や満足を得るものを窃視《せっし》症と呼びます**。これは性嗜好異常の一種と考えられています。

窃視症者は、相手に直接接触することはありません。その点は露出や盗撮、下着泥棒（▶P94）などと共通しています。このような人たちは、性の対象を選ぶことが困難で、また暴力的な犯行もできないというタイプがほとんどです。しかし、現場の状況によっては強姦や殺人に至ることもまれにあります。

＊**袋綴じ**　ページを袋状に閉じたもので、立ち読みできないようになっている。もともとは和装本や契約書に用いられていたが、過激画像を袋綴じにするなどで多用された。

のぞきは、欧米よりも日本で多い犯罪です。日本では、もともと個室がなく、幼いうちは親と川の字になって寝る家庭が多いため、その際両親の性交場面を見る機会が多いことが影響して、それが**原光景***となっているのではないかと考える人もいます。

のぞきは、見つかれば**迷惑行為条例違反**や**軽犯罪法違反**で捕まることがあります。また、のぞき目的で住まいに入り込めば住居侵入罪、自慰行為で部屋を汚せば器物損壊などに問われます。ちなみに**盗撮**はのぞき行為の一種で、見つかれば軽犯罪法違反で捕まることがあります。

さまざまなのぞき行為

のぞき見する行為は、被害の有無、また、犯罪であるかないかにかかわらず、さまざまなケースがあります。

袋綴じ

閉じられたページをカッターで裂いて見る行為は、のぞきの興奮をかき立てる。

写真週刊誌

芸能人などを隠し撮りした写真を見ることは、自分自身がのぞき見たような気にさせる。

のぞき部屋

風俗店ののぞき部屋から女性の裸体や自慰行為を見て、自分も自慰行為に耽ったりする。

軽犯罪法違反としてののぞき

家の敷地内に入ってのぞき見たり、盗撮したりする。

＊**原光景**　フロイトの用語で、子どものころに観察したり、想像したり、推測したりした両親の性行為の光景のこと。その目撃体験が、心的外傷経験になると考えられた。

05

下着泥棒――なぜ下着なのか

女性の胸や性器を包む下着に性的倒錯を覚えるフェティシズム。

フェティシズムは物へのこだわり

下着泥棒は、世に頻発する**窃盗事件**です。そのほとんどが若い女性の下着を狙います。下着泥棒の心理をひも解こうとするとき、「**フェティシズム**」*という言葉が浮かびます。

世の中には性行為とは無関係なものに性的な魅力を感じる人がいます。中でも**「生命のない物」に対して強烈な性衝動や妄想を抱き、それを求めて行動すること**を、精神医学ではフェティシズムといいます。これは性的倒錯の1つです。香りフェチとかおっぱいフェチなど、フェティシズムの俗語がよく使われますが、これらは性的嗜好のごく軽度なものを指し、精神医学でのフェティシズムとは一線を画します。フェティシズムは、日本では圧倒的に男性が多いとされています。

女性の身体を覆う下着だから興奮

執着する物が女性の下着の場合、その理由は、下着が性器や胸を隠すものだからといわれています。本来は女性の性器や胸そのものに性的興味を持ちますが、それを覆う下着に興奮するのです。そしてそれを着用した女性を想像しながら自慰行為をしたりします。女性の下着や靴、ストッキングなどに性的興味を持つ男性は、それほどまれではありません。問題はそれが下着泥棒などの犯罪行為に発展することなのです。

下着泥棒を働く者の人間像は、前項の「のぞき」でも紹介しましたが、一般に**対人関係が苦**

＊**フェティシズム**　ハイヒールやピンヒールはよく知られている。ウェディングドレスや喪服、医師や看護師の白衣、学生服や体操着なども性的嗜好の対象とされることが多い。

手で、**社会性や情緒面など、未成熟な傾向**にあります。法的には、基本的に**窃盗罪**（▶P180）が適用されます。また、他人の家に干してある下着を盗んだ場合、多くは住居侵入罪が加わります。

近年は、そうした下着フェチの男の欲望を逆

手に取って、インターネット上では、**使用済みの若い女性の下着を売るサイト**が多数存在します。しかし、こうした売買を取り締まる法律はないのが現状です。ただし、当事者が18歳未満である場合は、**青少年保護育成条例違反***になることがあります。

下着泥棒の手口

下着泥棒は洗濯物だけに手を出すわけではありません。どんなところに出没するのでしょうか。

ベランダ

1階の外に干してある場合は容易に盗める。上階のベランダに侵入することもある。

住居の中

住居侵入まで冒し、タンスの中から盗むこともある。

コインランドリー

コインランドリーの乾燥機の場合、それほど危険を冒すことなく盗むことができる。

下着販売サイト

盗みではないが、下着フェチは、使用済みの下着をサイトで購入することもある。

＊**青少年保護育成条例**　地方自治体の条例の１つで、都道府県等によって名称の違いはある。青少年の健全育成と、その保護・環境整備を目的としている。対象は18歳未満の未婚者のみという点で共通。

06

痴漢――混雑が犯行を起こさせる?

痴漢行為は許されない犯罪だが、一方で冤罪となるケースもある。

痴漢は都市部で多く発生

通勤通学などで満員電車を利用した経験のある女性に、**痴漢**に遭ったことがあるかと尋ねると、多くの人がイエスと答えるのではないでしょうか。実際、痴漢は都市部で非常に多く発生しています。

日本では、それほど**執拗・悪質でない接触なら、大した違法行為ではないと考えているの**です。これが欧米なら、大変失礼な行為として嫌悪されます。

しかし、痴漢とは性的な言動や卑猥な行為などの性的な嫌がらせをすることで、**れっきとした犯罪**なのです。それなのに、加害者には強姦や強制わいせつ(▶P88)程度の罪悪感がないのが普通です。

心理的な合理化が働く

その理由としては、犯行が乗り物の中が満員状態という特殊な状況で行われることから、「肌が触れ合うほど混雑した状態が悪い」のであり、「そこへ乗り合わせた被害者が不運だったのだ」と**心理的な合理化が働く**からです。また、相手の女性がその場で抵抗したり、声を上げたりしないことから、それほど嫌がっていないと勝手に考えてしまう節もあります。これも一種の「**合理化**」です。

合理化とは、**防衛機制***(▶P83)の1つで、都合のよい、もっともらしい理由をつけて自分を正当化することをいいます。

＊**防衛機制**　フロイトが打ち出した概念。フラストレーションから自分を守るために、無意識のうちにとる自己防衛のための対応。反動形成、置き換え、抑圧、投射などがある。

ストレスで精神的なバランスを欠く

痴漢を行う者の職業や年齢はさまざまです。しばしば、公務員やマスコミ関係者などが逮捕されて世間を驚かせることもあります。また、既婚男性も少なくありません。

一般に痴漢を行う者は、**日ごろの緊張を解消しようとして痴漢行為に走る**と思われます。しかし、その行為の根底には、やはり**性欲が刺激された**ことがあるはずです。

痴漢の被害者は、泣き寝入りとなることがほとんどです。痴漢は**親告罪**（▶P88）のため、被害者が訴えなければ犯罪になりません。そのため加害者は捕まらないだろうと楽観し、さらに痴漢行為を続けると考えられます。

一方、痴漢で問題となるのが**冤罪**《えんざい》*です。痴漢冤罪は、痴漢を疑われた人を被害者にし、警察や司法機関から不当な扱いを受けたり、会社をクビになったりなど、疑われた本人だけでなく、その家族をも不幸に突き落とします。冤罪を増やさないためにも、痴漢が発生しにくい環境をまず整えるべきでしょう。

MEMO OF CRIME

「魔が差した」は、本能（イド）のなせる業《わざ》？

精神分析学者フロイトによると、人の心には次の３つの層があるとされます。

❶ **イド（エス）**……性欲、食欲など原始的本能を司る機能。

❷ **エゴ（自我）**……イドとスーパー・エゴ（超自我）との欲求を受け取り、外界からの刺激を調整する機能。

❸ **スーパー・エゴ（超自我）**……道徳観、倫理観、良心、禁止、理想などの価値観をエゴに伝える機能。

人は外界の刺激に対してエゴが素早く機能して、社会的に適応した行動をとることができるそうです。痴漢は本能のままに行った行為で、イド（エス）のなせる業といえます。つまり、多くの痴漢の言い訳である「つい魔がさして」は、スーパー・エゴがうまく機能しなかったということになります。

＊**冤罪**　無実であるにもかかわらず、犯罪者として扱われてしまうこと。いわゆる「濡れ衣《ぎぬ》」。有罪判決が確定し、刑の執行等が開始されてから再審請求をし、無罪が確定する場合もある。

07

ストーカー――なぜ執拗につきまとうのか

両想いだと信じ込むエロトマニア（被愛妄想）と現代型ストーカー。

現代型ストーカーは殺人を犯すことも

ストーカーは相手の行動を尾行して、その生活を監視したり、また無言電話を頻繁にかけたり、手紙やメールを大量に送るなどの迷惑行動を繰り返します。

相手に対して一方的に恋愛感情を抱き、相手も自分を好きであると信じて疑わないことを**エロトマニア（被愛妄想）**といいます。相手が拒否しても、構わず行為を続けるだけでなく、拒否をも自分への好意と曲解して疑いません。ストーカー行為を行う人は、エロトマニア（被愛妄想）の要素を持っているといえます。

一方、**現代型ストーカー**は、**元恋人や元配偶者に関係の修復を執拗に迫り、暴力や拉致監禁、果ては殺人を起こすこともまれではなくなっています**。あるいは、たまたま見かけた異性に異常な感情を抱き、密かに接近したり、匿名の電話や手紙を入れたりする場合もあります。

ストーカーの心理で共通するのは、**甘えと攻撃**です。他人と適切な関係が築けず、心理的に未熟なまま成長したために、**他人を思いやるのが苦手**で、相手の拒絶に対しては敏感に過度に反応します。特に現代型ストーカーは、以前の好意や愛情を一挙に逆転させて、憎悪と攻撃をむき出しにしていく傾向があります。

かつては当事者同士の問題として法的な介入がそれほどありませんでした。しかし、1999年の＊**桶《おけ》川《がわ》・女子大生ストーカー殺人事件**を機に＊**ストーカー規制法**が制定されました。

＊**桶川・女子大生ストーカー殺人事件**　埼玉県桶川市の路上で女子大生（21歳）が男に刺されて死亡した。男は元交際相手で、別れ話以降、執拗に嫌がらせを繰り返していた。

ストーカーの5つのタイプ

ストーカーにもさまざまなタイプがあります。ストーカーと被害者との関係によって5つに分けてみます。これらに共通しているのは恋愛妄想があるということです。

TYPE 1 イノセント・タイプ

被害者とは何も交流がなく、ストーカーが一方的に思いを募らせてつけ回す。被害者は、誰がストーカーなのかを知らないこともある。このタイプは男性が多い。

TYPE 2 挫折愛タイプ

ストーカーの典型的タイプ。別れたあと、相手に翻意を求めてつきまとい始める。このタイプは求愛だけでなく、時には攻撃性が加わり、傷害や強姦、殺人事件に至ることもある。

TYPE 3 破婚タイプ

一方の意志で婚姻関係を解消した場合に生じる。粗暴な性格の者が多く、婚姻中はDVなどが見られる。2人の関係が密だった分、愛憎の葛藤も深刻で、殺人事件に至ることも。

TYPE 4 スター・ストーカー

歌手や俳優、テレビタレントなどの芸能人や、政治家、評論家、学者など、有名人を対象とするストーカー。自分を認知してほしくて接近する。元々はその有名人の熱烈なファンであることが多い。

TYPE 5 エグゼクティブ・ストーカー

医師や大学教授、弁護士など、社会的地位があり、他人の話を聞き、よく相談に乗ってくれる人、対人的な仕事をしてくれる人を対象とする。自分勝手な幻想を抱いてつきまとう。

（福島章著『新版 ストーカーの心理学』PHP研究所より）

＊**ストーカー規制法**　「ストーカー行為等の規制等に関する法律」。規制の対象となるのは、つきまとい・待ち伏せ・押しかけ、面会・交際の要求、乱暴な言動、汚物などの送付、性的羞恥心の侵害など。

08

小児性愛――幼い子どもを性の対象に

空想に留まらず、行動に移せば淫行、強姦、強制わいせつに問われる。

多くは非純粋型小児性愛者

小児性愛は、精神医学では**ペドフィリア**といいます。おもに男性に見られるもので、**性嗜好異常***の1つです。小児性愛は大きく2つのタイプに分けられます。①成人女性と親密な関係が築けず、その代わりとして子どもを選ぶ**非純粋型（代償）小児性愛者**、②成人女性を嫌い、積極的に子どもを選ぶ**純粋型（真正）小児性愛者**。

この2つに共通する特徴は、内向的、他人との交流が苦手で、就職や恋愛、結婚など、いろいろな場面で挫折感を味わっています。そのため**人間関係に対してコンプレックスが強く**、そこで成人の女性の代わりに、簡単に自分の言いなりにできる子どもを対象にすると考えられます。

小児性愛の多くは①の非純粋型（代償）小児性愛者です。このタイプは社会的地位の有無にかかわらずあり、良好な人間関係が結べるようになると、更生していく可能性があります。しかし、純粋型（真正）小児性愛者は治療が困難といわれています。

重大犯罪にエスカレートすることも

小児性愛は空想しているだけならまだ問題はありませんが、その欲求を行動に移すと犯罪になります。**児童福祉法では淫行、刑法では強姦あるいは強制わいせつ**に該当します。ちなみに13歳未満の小児に性行為を行うと、「**合意***」の有無に関係なく強姦や強制わいせつなどの犯罪が適用されます。そして小児性愛が元になる犯

＊**性嗜好異常**　DSM－5（▶▶P79）によると性衝動や性行動のほか、苦悩や障害をもたらす場合に性嗜好異常と診断されるとある。ほかに露出症、フェティシズムなどがある。

罪では、しばしば**誘拐や監禁（わいせつ目的の略取・誘拐）、殺人などの重大犯罪**にエスカレートしてしまうことがあります。

子どもへのわいせつ行為は、被害者である子どもに大変深刻な影を落とします。成長とともに精神的に不安定となり、**情緒障害や適応障害を起こす確率が非常に高い**とされています。また、将来、性行為ができなくなったり、逆に売春（▶P102）に走ることもあります。

どちらにせよ小児性愛者の犯行を受けた子どもたちは、心身ともに傷を一生抱えて生きることになります。

小児性愛者とは

小児性愛者（ペドフィリア）には、その特徴から大きく2つのタイプがあります。

1 非純粋型（代償）小児性愛者

- 成人女性と親密な関係が築けず、その代わりに子どもを選ぶ。

2 純粋型（真正）小児性愛者

- 先天的。
- 成人女性が嫌い。

共通する特徴

- 内向的。
- 他人とのコミュニケーションが苦手。
- 社会的に孤立。
- 就職や恋愛、結婚などで挫折感を味わっている。

＊**合意**　性犯罪の場合には、強姦、強制わいせつにおいても被害者との「合意」が問題となることが多い。ただし、子どもに対する性犯罪は「合意」が問題とされない場合もある。

09 福祉犯罪――少女を買う、働かせる

少年（少女）の福祉を害する犯罪は、風俗店で働かせたり買春したりとさまざま。

18歳未満の少女を取り巻く性犯罪

援助交際だけでなく、最近は**ＪＫリフレ**（女子高校生がマッサージをしてくれる店）といった新たな業態も現れ、少女が性犯罪に巻き込まれかねない状況が増してきました。実際に、18歳未満の児童に対する性犯罪は、残念ながら毎年一定数起きています。

18歳未満の少年（少女を含む）を働かせて性行為をさせたり、または少年にお金を払って性行為（**買春**《かいしゅん》*）を行ったりすることは、**福祉犯罪***または**少年福祉を害する犯罪**の1つです。そのような犯罪を行った者は、**青少年保護育成条例**や**児童福祉法**、**児童買春・児童ポルノ禁止法**（▶P105）などの法律によって罰せられます。

男性として自信がない性的弱者

未成年の少女に対する性犯罪としてよく知られているのが**援助交際**です。これはインターネットやコミュニティサイトなどを使い、女性が金銭などを目的として交際相手を募集するもので、お小遣い欲しさに女子中高生が行っている場合も少なくありません。

男性が未成年女子とお茶を飲んだり、カラオケに行くなどの疑似デートを楽しむだけなら法律的には問題ないかもしれませんが、**男性は淫行を目的としている場合が多い**のが事実で、そうなると犯罪になります。

援助交際を求める男性の多くは、**お金でしか女性と付き合えない、いわゆる性的弱者**といわ

*買春　「売春」とまぎらわしいことから「かいしゅん」と読ませる。1999年から「児童買春処罰法」にも採用された言葉。性的好奇心から金銭で児童と性交渉を持つこと。

れています。対象が少女ということで、**成人女性を相手にするより、優位に立てる**という心理も働いています。

援助交際は発覚するのはほんのわずかで、実際はかなりの件数になると思われます。これは少女を性の対象として求める大人が多いからですが、一方で**少女たちの性に対する倫理観が薄れている**ことも大きな要因となっています。

ちなみに、援助交際は少女から積極的に勧誘されたとしても、罪に問われるのは男性だけですが、少女自らがメール等で誘うと罪に問われます。

福祉犯罪とは

福祉犯罪とは、少年・少女に対して心身に有害な影響を与え、健全な育成を阻害する悪質な犯罪のこと。具体的にどんな犯罪があるのでしょうか。

● わいせつな行為をした

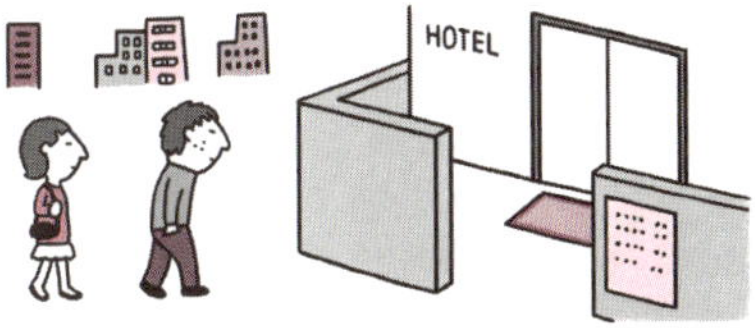

● 裸の写真を要求して送らせた

● 出会い系サイトを通じて募集した男性に売春させた

● シンナーや覚醒剤を密売する

＊**福祉犯罪**　少年の心身に有害な影響を与え、健全育成を阻む少年の福祉を害する犯罪のこと。ここでいう少年とは、児童福祉法では小学校就学から満20歳までの者（男女を含む）のことをいう。

児童ポルノは増加傾向にある

福祉犯罪の中でも深刻な状況にあるのが**児童ポルノ**です。児童ポルノとは、18歳未満の児童を被写体として、裸体や性器、性行為といった、男の性欲を刺激させるようなポーズや内容の画像、映像を指します。児童ポルノマニアや愛好者がいることから、**児童買春《かいしゅん》・児童ポルノ禁止法**で禁止されているにもかかわらず、児童ポルノが広く販売されているのが現状です。

児童買春・児童ポルノ禁止法違反による送致人数は、児童買春のほうが圧倒的に多いのですが、増加率に関しては児童ポルノは2004年と2009年を比べると、実に10倍近く増えています。

親や親族が加害者であることも

児童ポルノ問題は、児童を保護することを目的として、国会や各地方自治体でさまざまな議論がされてきました。例えば大阪府では、被写体となる子どもの視点に立って考え、児童ポルノを**性的な虐待の記録物**と定義しました。

児童ポルノは一度被写体になると、永久に残ります。被写体となった児童は製作段階から心身ともに深く傷つけられ、その後も心の傷を持ち続けることになります。その点から、まさに**虐待の記録物**といえます。

児童ポルノはほとんどの場合、利害目的で製造・販売されています。そこで利益を得ている大人は、残念なことに児童を守るべき立場である親や親族であることが多いといわれています。海外では児童ポルノは法律で厳しく規制されています。日本ではこれまで法の対象となったのは販売、製造、頒布等でしたが、2014年の法改正で、日本でも**個人的に所持すること（単純所持）が禁止**されることになりました。ちなみにマンガやアニメなどの創作物は対象にはならないとされています。

＊**児童ポルノ**　ポルノグラフィとは、性的興味をそそるようなリアルな描写を主とした写真や映画、文学、書画などをいう。英語ではchild pornography。

福祉犯と、それを取り締まる法律

福祉犯は、さまざまなケースで児童に悪質な影響を与えています。それを取り締まる法律は、ケースによって異なります。

福祉犯の法令別検挙人員と各法律が取り締まるおもな内容（2011年）

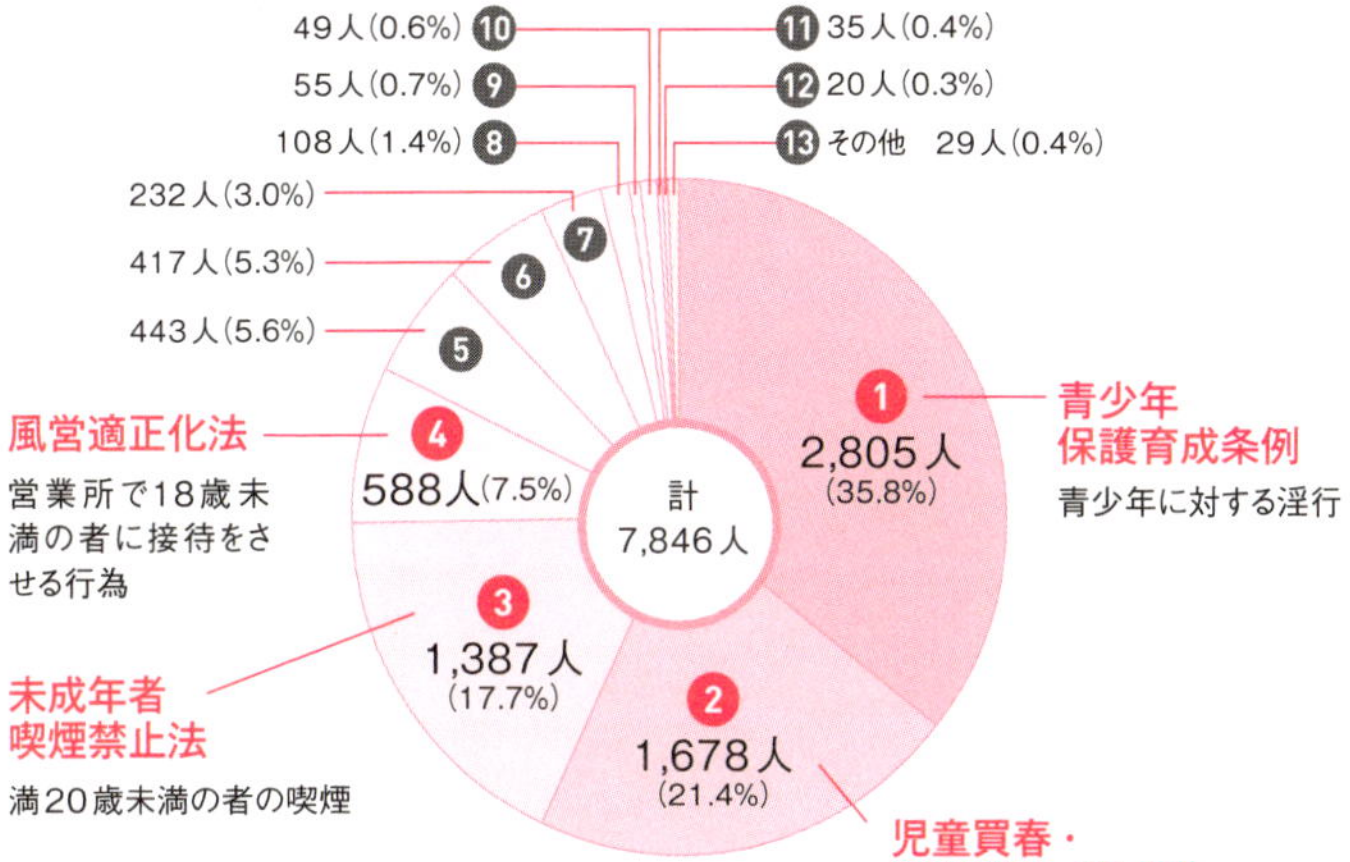

⑤ **出会い系サイト規制法**：児童を相手とする性交等の誘引、児童による性交等の誘引、対象を示して児童を異性交際の相手方とする誘引

⑥ **児童福祉法**：18歳未満の者（児童）に淫行をさせる行為、身体に障害等のある児童を公衆の観覧に供する行為、児童養護施設等における児童の酷使

⑦ **未成年者飲酒禁止法**：満20歳未満の者の飲酒

⑧ **覚醒剤取締法**：覚醒剤等の譲り渡し、覚醒剤の使用

⑨ **労働基準法**：暴行等による労働の強制、業として他人の就業に介入して利益を上げる中間搾取、1週間40時間を超える労働

⑩ **職業安定法**：売春等の有害業務に就かせる目的による職業紹介

⑪ **売春防止法**：売春の周旋、困惑等による売春、売春の対償の収受、売春をさせる目的による前貸し、金品等の供与、売春をさせる契約、売春を行う場所の提供、売春をさせる業

⑫ **毒物及び劇物取締法**：未登録販売業者による毒物または劇物の販売、吸引目的のある者に対する興奮等の作用を有する毒物または劇物の販売

（2012年版『子ども・若者白書』より：警察庁調べ）

＊**児童買春・児童ポルノ禁止法**　「児童」とは18歳に満たないものを指す。1999年に公布・施行。1996年にストックホルムで開催された世界会議では日本人による児童買春や児童ポルノが厳しく批判された。

TOPICS 4

認識のズレから起こるハラスメント

近年、ハラスメントと名のつく単語が急速に市民権を得ています。ハラスメントとは、他者に対する発言・行動が、発言者本人にその意図がなかったとしても、相手を不快にさせたり、不利益を与えたり、尊厳を傷つけたり、脅威を与えたりすることをいいます。つまり、ハラスメントは人権問題なのです。

「発言者の意図とは無関係に」という点からもわかるように、ハラスメントとなるかどうかは、受け手の主観によります。例えば、上司の叱責が部下Aさんにとってはパワー・ハラスメント（パワハラ）であっても、Bさんにとっては激励となる、という事例は往々にしてあります。

ハラスメントを起こしやすいタイプは、思い込みが強い人、上下関係に過敏な人、自分が常に正しいと思う人、思いやりの気持ちが欠如している人などに見られます。

パワハラを起こす人は、セクハラも起こすといったように、複数のハラスメントの傾向があります。セクハラ親父はパワハラもする、というとわかりやすいでしょう。

法律の面から見ると、セクハラは、男女雇用均等法により、事業主による防止措置および対策措置が義務付けられています。ハラスメントに対して、社会全体が敏感になってきています。配慮のない言動は自分自身の首を絞めることにもなりかねません。

昨日、誘いを断ったから？
明日から資料部へ異動だ

第4章

騙し、騙される心理

01

騙す人の心理とは

人を騙して損害を与える詐欺行為は犯罪。騙す人のウソは天才的？

騙す人にとっては正当防衛のウソ

詐欺《さぎ》とは、人を騙して金品を奪い取ったり、何らかの損害を与えたりすることです。その手口や目的はさまざまで、おもに企業をターゲットにする融資詐欺や保険金詐欺（▶P122）もあれば、個人をターゲットにするオークション詐欺やリフォーム詐欺、寸借詐欺、結婚詐欺、資格商法、振り込め詐欺（▶P114）などもあります。**詐欺は刑法で罰せられる犯罪**です。

詐欺は、騙す人と騙される人がいて成り立ちます。まずは騙す人の心理について考えてみましょう。人は誰でも**ウソ**をつくことがありますが、それは、**自我を守ろうとする意識**（**防衛機制**▶P83）から来ていると考えられます。騙す人は、自分のウソを正当化して、相手を陥れようとします。つまり、**騙す人にとっては正当防衛***なわけです。このような人たちは、すでに自分が人を騙しているという意識すらない場合が多いのです。

空想虚言症から生まれるウソ

世の中には平気でウソをつく人たちがいます。その精神的な特徴を見ると、大きく2つのタイプに分けられます。1つは**空想虚言症**です。**自分が空想や妄想の世界で描いたことを、あたかも本当のことだと信じてしまう**もので、人格障害の一種とされています。

人はウソをつくと表情や口調、しぐさなどに不自然さが出てしまうものですが、このタイプ

＊**正当防衛**　急迫不正の侵害に対し、自分または他人の権利を防衛するため、やむを得ずにした行為。これに当たる場合は罰しないことになっている（刑法36条）。

はウソを真実だと思い込んでいるので、そのような不自然さがまったくありません。そのため話に説得力があり、例えばどこかの国王の親戚だなどといった、通常なら誰も信じないような話でも、相手に真実だと思わせてしまいます。そして、相手から金銭を引き出すことに成功するのです。

演技性パーソナリティ障害とは

もう1つは、**演技性パーソナリティ障害**（▶P81）です。**周囲から注目されようとして派手な格好をしたり、演技がかった態度をする**もので、やはり人格障害の1つです。その演技は完璧で、相手はまんまと騙されてしまいます。

人は誰しも自分をよく見せようと見栄を張ったりしますが、演技性パーソナリティ障害の人は演技が病的で、注目を集めるために実際に病気になったり、自分を傷つけることもあります。前出の空想虚言症と明確に異なるのは、このタイプは、**ウソだと自覚している**点です。そして実際の**詐欺師**に多いのはこのタイプです。

ちなみに目立ちたがり屋で演技力があるという点で、このタイプの人は俳優や政治家、宗教家などに向いているといわれています。

MEMO OF CRIME

人を騙すさまざまな人たち

ウソをついて人を騙す人にもさまざまな呼び名があります。

- **詐欺師** … ある役割を演じて人にその職業や人格を信じ込ませ、心理的な駆け引きによって金品などを巻き上げる。ペテン師も同じだが、頭脳犯の詐欺師を指すことが多い。
- **山師**《やまし》 …「一山当てる、山を賭ける」から。ウソの大儲けの話を持ちかけて金品を騙し取る。
- **いかさま師** …… 古くは手品師のこと。道具や技術で金品を騙し取る者を言うようになった。
- **コーチ屋** … 公営競技の投票券に関する自分の予想を教えるなどして客から金を搾取する。
- **詐話師**《さわ》 … 作り話を主体にした詐欺師。壮大な作り話をすることが多い。

02 騙される人の心理と結婚詐欺

騙されている人は、自分が騙されていると思いたくない心理がある。

結婚詐欺に騙される心理

詐欺にはさまざまな手口がありますが、騙す側から見てみると、「**騙しやすい人**」「**騙されやすい人**」は確かにいるようです（▼左図）。そして、騙す側は、このような相手の心理を鋭く見抜いて、巧妙に金品を引き出させるように導いていきます。

非常に身近で、一般人の興味をそそられる**結婚詐欺**を例に見てみましょう。結婚詐欺は、異性に対して恋愛感情や結婚の意志がないのに、それをちらつかせて金品を要求するものです。

通常、結婚詐欺師がターゲットにするのは、ある程度貯蓄があり、結婚願望のある異性ですが、なぜ要求されるままに大金を貢いでしまうのでしょうか。

その理由として精神科医の**小《お》田《だ》晋《すすむ》**＊は次の4つを挙げています。①お金によって相手の心をつなぎ止めたいという心理が働くこと。**お金を渡すことで、相手より優位に立てるという心理が働く**のです。②相手が女性なら**母性本能**＊が働きます。結婚詐欺を働く男性の多くは、女性に甘えるのが上手で、子どもが母親に甘えるように接して金品を「おねだり」します。女性はその「おねだり」に、つい応えてしまうのです。

③詐欺師に対する**感情転移**＊もあります。これは心理学用語で、例えば相手と接していくうちに、次第に親きょうだいなど、大事な人に対するのと同じ感情を抱くようになることをいいます。つまり、付き合いを重ねていくうちに結婚

＊**小田晋**　1933～2013。医学者および精神科医。犯罪精神医学を専門として日航機羽田沖事故や新潟少女監禁事件、オウム真理教の精神鑑定にも携わった。

騙されやすい人とはどんな人？

あなたの周りにも「騙されやすい人」はいるでしょう。また、自分自身も「騙されやすい」と認識している人もいるのではないでしょうか。

● 意志の弱い人

人の意見に流されやすい人は要注意。セールストークもすぐに真に受けてしまう。

● NOと言えない人

「お断りします」「できません」などとはっきりNOと言えないお人好し。

● おだてに乗りやすい人

「あなたにしかできない」「あなただけ当選しました」などと言われて、調子に乗る人。

● お金に執着する人

人一倍お金に執着する人は儲け話に乗せられやすい。うまい話には耳栓を。

● 考えることが嫌いな人

難しい話になると、「お任せします」「まあ、いいか」などと自分で考えない人は危険。

● 好奇心旺盛な人

チャレンジ精神があることはよいことだが、危険なことにもチャレンジすると大変なことに。

● 心身が弱っている人

心身ともに参っているときは、何かにすがりたい気持ちになり、常識的な判断ができにくくなる。

● 法の知識がない人

消費者を狙う悪徳商法に引っかかりやすい。最低限の法の知識は備えておきたい。

● 外見・顔で判断する人

優しそうな人、かっこいい人など、外見で人を判断して勧誘に乗らないこと。

＊**母性本能**　母親になれば備わっていると考えられていたもの。実際には社会的に学習されている。子どもや年下の者、弱者を守り、育てたいという願望を指すことが多い。

詐欺師をまるで身内のように思うようになり、こうなると、もし相手に不信感を抱くことがあっても、なかなか訴えられなくなるというわけです。④**「結婚前提」という常識に囚われている**こと。誰しも式や新居の準備など、結婚には何かとお金が必要だという認識があります。そのため、結婚準備のためだと要求されれば、ついお金を渡してしまうのです。中には元交際相手への手切れ金や、前妻との間にもうけた子どもへの養育費という名目でお金を要求するケースもあります。

騙されていると認めたくない

さて、**騙される人の多くは、「自分は騙されない」自信がある**ようです。こうした人こそ、繰り返し騙されます。「1回騙されたから、もう大丈夫」とか「今度は相手を利用してやる」といった過信に落とし穴があります。

ところで、騙されている人を周囲がいさめても、本人はなかなかそれを認めたがらない傾向にあります。周囲は「なぜ気がつかないのか」とか「どうして騙されているのは明らかなのに、またお金を渡してしまうのか」と思ってしまうのですが、本人は耳を貸しません。なぜでしょうか。

それは、**自分が騙されていることを認めたくない**からです。このような心理状態を心理学では**防衛機制**（▶P83）の「**否認**＊」に当たると考えます。つまり、自分にとって都合の悪いことが起きると、そうとは認めたくないという心理が働くのです。もし**騙されていることを認めてしまえば、自分の愚かさをも認めてしまうことになります**。プライドの高い人なら、それはなおさら認められないことになるでしょう。

そして、逆にいさめた人に対して「あの人はそんな人ではない」などと騙した相手を弁護してしまいます。騙す側は、このような相手の心理を巧妙に利用しているのです。

＊**感情転移**　心理学では「転移」という。カウンセリングの中でクライエント（相談者）がカウンセラーに対して特殊な感情や態度を向けることをいう。

結婚詐欺に引っかかる心理とは

結婚したいと切実に思っている人ほど、結婚詐欺に引っかかります。結婚詐欺に引っかかる人はどのような心理状態にあるのでしょうか。

1 相手より優位に立てると思う

お金によって相手の心をつなぎ止めたいという心理が働き、お金を渡すことで、相手より優位に立てると思ってしまう。

2 母性本能が働く（女性の場合）

結婚詐欺を働く男性の多くは甘え上手。女性は男性の「おねだり」に、つい応えてしまう。

3 詐欺師に対する感情転移

付き合いを重ねていくうちに相手を身内のように思うようになり、感情移入してしまう。

4 「結婚前提」という常識に囚われている

結婚には何かとお金が必要だという認識があるため、結婚準備のためだと要求されれば、ついお金を渡してしまう。

＊**否認**　防衛機制の１つで、問題そのものを認めないこと。防衛機制の「反動形成」とペアで語られることが多い。反動形成とは、反対の傾向を強調して、自らが受容しがたい衝動を制御しようとするもの。

03

振り込め詐欺になぜ引っかかる？

振り込め詐欺は社会問題化し、周知されているはずなのに、騙される不思議。

一向に減らない振り込め詐欺

人間の心理を巧みに利用する詐欺《さぎ》師。最近、詐欺と聞いて真っ先に思い浮かべるのが**振り込め詐欺**[*]ではないでしょうか。振り込め詐欺は、電話で相手の孫や息子などをかたって金銭の振り込みを要求し、騙し取る犯罪ですが、最近は宅配便や郵便で私設私書箱[*]へ送金させたり、代理人が被害者の自宅近くまで受け取りに現れるなど、**手口が多様化**しています。

振り込め詐欺は２００３年ごろから目立つようになった犯罪ですが、一向に収まる気配がないどころか、被害総額は２００９年にいったん減少するとはいえ、再び増え続け、２０１３年には250億円を突破し、過去最高となりました。

しかも、**騙されたことを恥じて警察に届け出ない人も多数いる**と考えると、被害はさらに多いのではないかと想像できます。

「息子や孫のために」に一点集中

振り込め詐欺は、社会問題となって一般にも深く認知されました。警察も大々的に警鐘を鳴らし、警察官が戸別訪問して詐欺の手口を説明したり、銀行のＡＴＭ周辺に警察官が立ち、不審な振り込みを阻止しようとしました。また、ＡＴＭによる現金の振り込み限度額を１回当たり10万円にする制限も行われました。にもかかわらず、巨額の被害が依然としてなくならないのは不可解な感じがします。

振り込め詐欺には、おもに**オレオレ詐欺、架**

↘な名称案を募集し、「母さん助けて詐欺」を新名称に採用。しかし、この名称が実態とそぐわないからと「ニセ電話詐欺」「なりすまし詐欺」などを採用している県警もある。

振り込め詐欺のおもな種類

一向に減らない振り込め詐欺。その手口はますます巧妙化し、その術中にはまってしまう人はあとを絶ちません。予防策は安易に信じないことが第一です。

● オレオレ詐欺

親族を装うなどして、トラブルによって至急現金が必要であると信じ込ませ、動転した被害者に指定した預貯金口座に振り込ませる。

オレ、会社の金をなくしちゃって、クビになるかも

● 架空請求詐欺

「料金未納」や「払わないと裁判になる」など、支払い義務のないウソの請求書を送り、指定した預貯金口座にお金を振り込ませる。

延滞料金？早く払わなくちゃ

● 融資保証金詐欺

資金繰りに窮した個人や中小企業車に対して、「誰でも融資」「簡単審査」などで融資を誘い、保証金と称して現金を口座に振り込ませる。

誰でも融資

● 還付金等詐欺

税務署や社会保険庁、役所などを装い、税金や医療費の還付などに必要な手続きと称してATMを被害者に操作させて、お金を騙し取る。

ATM
お振り込みボタンを押してください

＊**振り込め詐欺**　2004年11月までは「オレオレ詐欺」と呼ばれていたが、手口の多様化によって「振り込め詐欺」と統一された。さらには直接代理人が受け取る手口が現れたため、2013年に警視庁が新たな↗

空請求詐欺、**融資保証金詐欺**、**還付金等詐欺**などがあります。被害者は、架空請求詐欺は全年齢層に分散し、融資保証金詐欺は40歳以上の男性が全体の半分以上を占め、オレオレ詐欺と還付金詐欺に至っては、ほとんどが60歳以上となっています。特にオレオレ詐欺の被害者は60歳以上の女性に多いのが特徴です。

オレオレ詐欺の被害者の場合、息子や孫をかたる人から切羽詰まった感じで連絡を受け、彼らを助けるために振り込みをしてしまいます。そのあとで騙されていたことを知って我に返ります。つまり、**決定的な証拠を突きつけられるまで目が覚めない**のです。一種の*****自己催眠**状態にあったといえるでしょう。

また、被害者にしてみれば、息子や孫のために**何とかしてあげたい、振り込んであげたいという思いのほうが、騙されているのかもしれないという不安より強い**のかもしれません。不自然と思える説明を聞いても、すべては息子や孫が窮地に陥っているという一点に思いが集中してしまうという心理状態にあるようです。

1人暮らしの高齢者を狙い撃ち

振り込め詐欺が一向になくならないのはなぜでしょうか。

1つには、高齢社会が急速に進行し、核家族化も一般的になり、親族間のつながりが希薄になったことが挙げられます。息子や孫と離れて住む高齢者は、**子どもや孫と言葉を交わすこともまれ**です。切羽詰まった声を息子や孫と間違えることもしかたないかもしれません。さらに、**高齢者は判断力が低下しています**から、怪しい話の真偽もとっさに判断しかねることもあるでしょう。

2つ目は、「身内の恥をさらしたくない、丸く収めたい」という日本独特の感覚があるため、お金で済むならと賠償金などを払ってしまうのだと考えられます。

＊**私設私書箱**　郵便物や荷物の受け取りを代行するサービス業。民間私書箱ともいう。集配センターが併設された郵便局などに設置された郵便物を受け取るための専用ロッカーは私書箱という。

グループで行う振り込め詐欺

振り込め詐欺は、グループで行うことが多いようです。それぞれに役割があり、巧妙にわなを仕掛けていきます。

番頭　掛け子がきちんと電話をしているか管理する役。

掛け子　電話をかけて騙す役。

もしもし、
オレだけど

見張り役　出し子や受け子がお金を持って逃亡するのを防止する役。

○○銀行

出し子　振り込ませた金融口座から金を引き出す役。

受け子　金融口座を使わずに直接接触して現金を受け取る役。

お願いしますね
すぐに息子さんに渡しますから

出し子や受け子はアルバイト感覚で犯行に加担する場合も多く、その低年齢化（中学生や高校生など）が指摘されている。末端の出し子や受け子を逮捕しても、犯行グループの上層部や主犯格を摘発することは難しいのが現状。

＊**自己催眠**　自分自身にかける催眠術。イメージトレーニングや自己啓発に近い。自分の心を自分が望む方向に向けていくこと。自分に言い聞かせる自己暗示でもある。

04 新宗教にはまる人、新宗教が企むもの

家族や社会から離れて新宗教に傾倒する人と、人々を騙すカルト教団。

宗教と新宗教の違い

一口に宗教といっても、成立した年代でその呼び方が変わります。一般に長い伝統を持つものを宗教、そして19世紀中ごろ（幕末・明治維新以降）に成立した、比較的新しいものを**新宗教***（**新興宗教**）といいます。新宗教にはさまざまな団体がありますが、残念ながらその中には、世の中を不安に陥れる**カルト教団***や、宗教を隠れ蓑《みの》として金儲けを企む**詐欺《さぎ》的教団**があるのが事実です。

宗教の選択は自由ですが、中には誰もが「これは危ないぞ」と思う団体もあります。例えば、教祖が詐欺で捕まったり、殺人容疑で逮捕されたりしたケースもありました。そのような詐欺的教団に、どうして人は惹き付けられるのでしょうか。

マインドコントロールの過程

新宗教が世間を騒がすとき、信者たちの異常性が浮き彫りになります。そして、決まって話題になるのが**マインドコントロール***です。

マインドコントロールは他人を動かす手法の1つで、これにかかると、本人は自分の意志で選択したかのように思っていても、第三者によって、あらかじめ決められたとおりに誘導されてしまうというものです。教団以外の話に一切耳を貸さない信者たちは、この**マインドコントロールによって、教団に服従させられている**と考えられます。

＊**新宗教**　伝統宗教と区別する。新興宗教という用語に悪いイメージがあるうえ、宗教学の研究者の間では中立な意味で、既成の宗教に対して「新宗教」を用いる。

人間心理を操るマインドコントロール

当初はうさん臭いと思っていても、「気がついたら信者になっていた」ということがあります。その気がない人をその気にさせるマインドコントロールの手法をご紹介します。

1 接触

悩みや不安を抱える人を探し、接近する。あるいは不安な状態を意図的につくって接近する。

2 相手の話を聞く（好意の返報性）

優しい態度で接し、当初はもっぱら相手の話を聞くことに終始する。

3 集会への誘い（好意の返報性、権威性）

自分たちが参加する宗教団体などの集会へ誘う。その際、さりげなく相手の悩みや不安を掻き立てる。

4 警戒させないように接する（ローボール）

集会では歓待する。このときは団体の教義などは積極的に伝えない。

5 教祖など上位の幹部に面会させる（希少性）

特別だと強調し、教祖または幹部に面会させる。相手の悩みや不安に、予想外かつ絶対的な解答を示し、すごいと思わせる。

6 入信を勧める（一貫性の原理）

相手が好意的になったところで入信を勧める。あくまでも自分で決めたように仕向ける。

7 入信する（恐怖心）

悩みや不安の解決を望むなら、修業をして上を目指すよう伝える。教義に関する本や解説書、時には数珠などを購入させる。

8 集団への服従心を植えつける（恐怖心）

修行などと称して閉鎖的な環境の中で、教義を徹底的に叩き込む。教えに反する集団外の話には耳を傾けないようになる。

好意の返報性

人から好意を受けると、その好意に応えたいと思うようになる。

ローボール

最初から高い要求をすると反発されるが、低いところから始めると受け入れられやすくなる。

権威性

著名人との関係を強調することで、相手に安心感を与える。

希少性

「今回は特別」とか「滅多にないチャンス」などと伝え、希少性を訴える。

一貫性の原理

自分の態度と発言を一致させようとすること。一貫性を維持するために、「途中でやめるのはいけないこと」という心理が働く。

恐怖心

脱会すると不幸になるとか、災いが起きるなどの恐怖心を刷り込む。

＊**カルト教団**　カルト（フランス語のcult）は「崇拝」などから派生した言葉。現在は、反社会的な団体を指すことが多い。「カルト的○○」は、思わずはまってしまうほどの没入感があるものという意味で使われる。

ではどうすればそのような状態になるのか。大まかにいうと、まず相手の警戒心を取り除くことから始まります。①**不安や悩みを抱えている人を選んで接近します。あるいは、不安な状態を意図的につくったうえで接近します。**そして、②相手の話を親身になって聞きます。すると相手は好印象を持つようになり、警戒心が薄れて③集会への誘いに気軽に応じるようになります。④相手が集会に参加したら、さらに好印象を与えるように接します。そして、⑤時には教祖や幹部と面会をさせ、自分は特別な対応をしてもらったと思わせます。

何度か繰り返していくうちに当初は半信半疑だった相手は、次第に信心を抱くようになっていき、⑤相手が入信したら、初期段階は終了です。その後**「修行」などと称して閉鎖的な環境の中で、教義を徹底的に叩き込みます。**すると信者は教団が唯一無二の存在となり、指示には**絶対服従**するようになるのです。

「奇跡」の体験でさらに宗教に傾倒

新宗教団体の中には、**霊感療法**を行っている教団が少なくありません。教祖が念を込めた水を飲むと体調がよくなるとか、ブレスレットを身につけると血の巡りがよくなるといった具合です。もちろん品物自体には何の効能もないものがほとんどですが、中には本当に体調が改善するケースがあります。

これは**信じる心が体調に影響を与えたもの**で、このように、**効能がなくても、あると信じて使用することで何らかの改善が見られることをプラシーボ効果といいます。**

信者にとっては、こうした体験が**「奇跡」の体験**となり、さらに深く宗教団体へ傾倒・没入していくことになります。そのような状況を危惧し非難する家族や周囲の者たちは、「教義を信じられない哀れな人たち」と思い込んでいますから、耳を貸すことはできないのです。

＊**マインドコントロール**　マインドコントロールは、本人にそれとわかる強制力を感じさせないが、洗脳は、物理的暴力（拷問や薬物など）や精神的圧迫によって強制的に特定の主義・思想を持つように仕向ける。

カルト教団と教祖の実態

一方、**狂信的な宗教的集団であるカルト教団**で思い浮かべるのが**オウム真理教**でしょう。カルト教団に共通する特徴は、教義に**終末思想***があることです。そして、マインドコントロールなどの悪質な手法で信者を獲得し、**反社会的な行為**を行います。新宗教にもさまざまなものがありますが、カルト教団はそういった意味で、**「破壊的カルト」**とも呼ばれます。

カルト教団はまた、一般社会や信者以外の人間を敵視します。教団組織は善であり、それ以外は皆、悪であると徹底的に思い込ませます。信者を社会や家族から隔絶して、信者の過去をも断絶させ、教団組織を個人より優先させます。心の平和は、教団組織に従うことによってのみ得られると教え込み、反発者や脱会者には恐ろしい制裁が加えられます。

このような教団の**教祖は、強い劣等意識を持つ心因性パラノイアや空想虚言症**（▶P108）**であることが多く、強い死への恐怖が暴力を合理化し、社会や国家への攻撃へと拡大していく**と考えられます。

MEMO OF CRIME　オウム真理教事件と麻原彰晃

オウム真理教の教祖、麻原彰晃（本名は松本智津夫）は、救済の名の下に日本を支配し、自らその王になることを空想し、自動小銃の密造や化学兵器の生産を行って武装化し、無差別テロを実行しました。1989年の坂本弁護士一家殺害事件、1994年の松本サリン事件に続いて、1995年に起こした地下鉄サリン事件（12人死亡、数千人の負傷者）は世界中を震撼させました。

麻原彰晃は、日本で唯一の「最終解脱《げだつ》者」を自称し、教祖は尊師（グル）、出家信者をサマナと呼ばせ、1997年には「ハルマゲドン（最終戦争）」が起きると予言。教団組織には省庁制を採用し、22省庁に大臣と次官を設置、上意下達の組織でした。

＊**終末思想**　歴史には終わりがあり、それが歴史そのものの目的であるという考え方。つまり、世界が終わる→本当の幸せはその先の世界にある→現実の世界に縛られるべきではないということ。

TOPICS 5

金銭欲が起こす保険金詐欺、融資詐欺

保険金詐欺とは、加入した保険から保険金や給付金を騙し取ることで、もちろんこれは犯罪行為です。

生命保険の場合、あらかじめ被保険者となる者に過度な保険に加入させておき、その後、意図的にその者を殺害したり、重傷を負わせて保険金を得たりします。

損害保険では、保険の対象となる物を意図的に傷つけたり、損壊したと偽って保険金を請求したりします。交通事故においても、実際にけがを負っていないのに病院で治療して治療費を請求したり、故意に交通事故を起こして負傷し、保険金を騙し取ったりするなどのケースもあります。

一方、融資詐欺とは、融資をするように装って、あらかじめ保証金や保険料などさまざまな名目でお金を振り込ませ、それを騙し取るものです。もちろん融資はされません。詐欺業者はお金を振り込ませた後、「信用に欠けるため融資ができない」などと一方的に告げ、連絡を断ちます。被害者はそのとき初めて詐欺だと自覚します。

近年は個人向けの詐欺が急増し、東京都は個人向けの融資詐欺に対して「貸します詐欺」と命名して注意を呼びかけています。保険金詐欺も融資詐欺も、その根底にあるのは金銭欲です。

第5章

家族間で起こるDVと虐待

01 DVと虐待はどう違う？

DVも虐待も、閉鎖的な家庭内で、周囲に知られずに繰り返されている。

身内だからという甘えが助長させる

家庭内暴力は、**ドメスティック・バイオレンス（DV*）**の直訳です。第三者の介入が少ない閉鎖的な家庭内では、周囲の人が気づかないうちに、夫から妻、妻から夫、親から子、子から親、きょうだい間、高齢者へと、さまざまな暴力が起こっていることがあります（**ファミリー・バイオレンス**）。

暴力は、殴る蹴るといった**身体的暴力**のほか、**心理的暴力**、**性的暴力**、**経済的暴力**など、さまざまな形になって現れます。特に心理的暴力は、当事者同士でも認識しにくく、長年の間に、深く傷つけられていることもあります。

家族間の暴力の特徴として、加害者の側にブレーキが利かなくなり、**どんどんエスカレートしていく傾向**があります。これが他人であれば、ほどほどのところでやめておこうという判断ができる場合が多いのですが、家庭内では、**身内であるがゆえの甘えから、限界を超えて暴力を振るってしまう**ことがあるようです。

「DV」と「虐待」は使い分けられる

DVという言葉は、一般的に、**おもに夫が妻に（妻が夫に）「暴力」を働くこと**を指します。最近では、**元夫婦、恋人間の「暴力」もDV**といわれるようになっています。一方、**親（監護者）が子どもに対して行う「暴力」は「虐待」**と表現されます。高齢者に対する「暴力」も「虐待」と表現されることが多いようです。

＊DV　domestic violence（家庭内暴力）。英語ではfamily violence。交際中のカップルの間で起こる暴力はデートDV、デート（デーティング）・バイオレンスという。

家庭内で見られる「暴力」

安らぎの場であるはずの家庭内にもさまざまな暴力があります。家族だからこそ、むき出しのエゴをぶつけてくるともいえます。

夫から妻

DV被害のほとんどが夫から妻への暴力。暴力を介在とした共依存の関係が見られる（▶▶P126）。

妻から夫

まだ少数だが、妻から夫への暴力も増加傾向にある。言葉、電話、メールによる暴力や嫌がらせが目立つ。

親から子

悲惨な児童虐待事件はあとを絶たない。2013年度は、過去最多の7万件を記録した（▶▶P128）。

子から親

思春期特有のつまずきをきっかけに、親に対して暴力を振るうようになる（▶▶P132）。

きょうだい間

旧約聖書には、兄のカインが弟のアベルを殺害する話があり、これが人類初の殺人といわれている（▶▶P71）。現実でも、きょうだい間の暴力・殺人事件は増加傾向にある。

高齢者への暴力

介護者の介護疲れや、長期間にわたる折り合いの悪さ、認知症の言動の乱れなどが虐待を誘発している（▶▶P134）。

02 夫が妻に暴力を振るう

暴力後の優しさに、夫を許してしまう妻。お互いに泥沼から抜け出せない。

見せかけの優しさに何度も騙される

2001年に**DV防止法***が施行されたことで、**DV**という言葉は広く浸透するようになりました。

昔は、見合い結婚が主流で、結婚して初めて相手の人となりを知ることが珍しくありませんでした。また、女性が自立して生きる道が少なかったため、たとえ夫が暴力男であっても我慢するしかないという現実がありました。

現在は、夫（または恋人）がDVをする人だとわかった時点で、いくらでも別れられそうなものですが、彼が**暴力のあとに見せる「優しさ」に、女性は「本当はいい人なの。不器用なだけ」「私がいないとダメだから」などと、つい気持ちが揺らいでしまう**のです。

DVには**蓄積期**（準備期：満たされないことに対してストレスを溜めている時期）、**爆発期**（ストレスの限界が来ると突然に暴力を振るい始める）、**ハネムーン期**（安定期：ストレスが発散された状態）というサイクルがあって、この3つを繰り返すのが特徴です。

お互いに依存し合う関係

DVは、しばしば**共依存***の典型例として取り上げられます。男性は、暴力を振るう相手として女性に依存し、女性は、「必要とされている」という実感で男性に依存しているのです。

DVを行うタイプは、古いタイプの男性イメージが強く、男らしさを強調するために、自

＊**DV防止法**　「配偶者からの暴力の防止及び被害者の保護に関する法律」のこと。パートナーからの暴力を防止するのが目的。加害者の退去命令や接近禁止命令などがある。

分の有能さをアピールしたり、見栄を張ったり、他人の欠点を指摘したりします。また、社会的地位の高い人にも見られます。そして、反撃してこない相手を選んで攻撃します。そのターゲットが配偶者であり恋人です。DV男にとって都合がよい妻や恋人とは、**社会性が低く、依存的で、同じく強い劣等感を持っているタイプ**といえるでしょう。

一度こうした関係にはまってしまうと、自力ではなかなか抜け出せません。状況を変えるためには、専門機関の助けを借りるのが、最も確実な方法と考えられます。

これって、もしかしてDV?

暴力を振るう相手に次のような特徴があれば、DVの可能性が高くなります。関係が深くなる前に、専門機関に相談しましょう。

- □ **暴力を振るったことを否定したり、大したことではないように言ったりする。**
- □ **暴力を振るったことを、相手の言動のせいにする。**
- □ **劣等感が強く、周囲の評価を非常に気にする。**
- □ **パートナーに対する依存度が高い。**
- □ **パートナーに理想の女性像を求める。**
- □ **些細なことで怒りやすい。**
- □ **親しい友人が少ない。**
- □ **男性の両親の間にDVがあった。**

など

＊**共依存**　ある特定の人との人間関係に囚われている状態。「子離れできない親と、親離れできない子ども」「暴力を振るう夫と、それに耐える妻」のような関係によく見られる。

03

わが子を虐待する

衝動的でカッとなると何も見えなくなる親が多い。自分を正当化することも。

増え続ける児童虐待、過去最多を記録

2010年夏、大阪で2人の幼児が餓死するというニュースが日本中を駆け巡りました。犠牲となったのは3歳の女の子と1歳の男の子。母親は、乳幼児2人を置いて50日間も遊び回っていたといいます。**ネグレクト（育児放棄）***の末の悲惨な結末に多くの人がショックを受けました。

児童（幼児）虐待*は、統計をとり始めた1990年以降増え続けており、2013年度には、初めて7万件を超え、過去最多となりました。核家族化が進んだことにより、育児が密室化し、見えないところでの虐待が増えているのではないかと懸念されます。

世の中を恐れる気持ちが根強く残る

子どもへの虐待は次の4つに分類されます。

①**身体的虐待**……殴る、蹴るなどといった直接的な暴力

②**心理的虐待**……言葉や行動で示される暴力（刃物で脅すなども含む）

③**ネグレクト（育児放棄）**……食事を与えない、入浴や着替えをさせないなど

④**性的虐待**……性交する、卑猥な言葉を浴びせる、卑猥な画像を見せる、性器をさわる、自分の性器をさわることを強要するなど

子どもを虐待する親は、**衝動的でカッとなると何も見えなくなる**タイプが多く、「そんなことをすれば、子どもがどうなるのか、どう感じ

＊**ネグレクト**　育児怠慢ともいう。心理的虐待、身体的虐待にも含まれる。具体的には、食事や衣服を与えなかったり、排泄物の始末を行わなかったりする。

るか」を冷静に考えることができません。そして、「暴力を振るうのは、子どもが悪いことをしたからだ」と**自分を正当化**します。

一方、子どもは、親から日常的に暴力を振るわれて、**心理的に不安定のまま成長していきます**。大人になっても親を恐れる気持ちが根強く、無意識のうちに世の中に対して恐怖を抱くようになります。常に親の顔色をうかがって生きてきたため、自分自身で考え行動することができません。その結果、自己評価が低く、適切な対人関係を築くことができないなどの問題が生じ、生きづらさにつながっていくのです。

子どもへの虐待の分類

殴る、蹴るといった暴力以外にも、さまざまな虐待があります。親が無自覚に投げつけた心ない言葉に、１人で苦しんでいることもしばしばです。

身体的虐待

殴る、蹴るなどの暴力で子どもの身体を傷つける。

心理的虐待

心ない言葉で子どもの心を傷つける。

ネグレクト（育児放棄）

食事を与えない、入浴や着替えをさせない、病気になっても医師に診せないなど。

性的虐待

性交する、卑猥な言葉を浴びせる、卑猥な画像を見せる、性器をさわる（さわらせる）など。

＊**児童虐待**　児童虐待防止法では、「何人も、児童に対し、虐待をしてはならない」と規定している。虐待する者は、実母、実父、義父・義母の順に多く、実母が圧倒的に多い。

代理ミュンヒハウゼン症候群とは

児童虐待の中でも、少し特殊なケースである**代理ミュンヒハウゼン症候群***についてお話ししておきましょう。

これは、1977年に、「**母親による子どもの病気の偽装**」として、イギリスの小児科医**メードウ**によって提唱されました。

医療機関に巧みなウソをついて、自らを病人に仕立て、周囲の同情や関心を引こうとするのがミュンヒハウゼン症候群です。自分の「代理」として子どもを傷つけ、自らは「病気の子どもをけなげに看病する母親」という役割を演じることで、周囲の同情と関心を引き寄せようとします。子どもが入院していると、育児の負担がなくなるという計算も働いています。精神医学的には、**虚偽性障害***の1つに分類されます。

手口は巧妙で多岐にわたり、気づかれないように子どもの食べ物に毒物を混ぜたり、点滴のチューブに腐った水を混ぜたり、薬を大量に投与して中毒状態に陥らせたりします。あくまで母親の精神的利益のためであり、子どもを傷つけることが目的ではないものの、長期にわたり反復・継続することで子どもに重大な傷害を負わせ、死に至らしめることもあります。

ヘンゼルとグレーテルのように

子どもは、本能的にそうした親の行動を感じているものと思われます。しかし、自立する力がないために、自分を虐待する親を憎むでもなく、むしろ**捨てられないようにしなければと無意識のうちに考えている**のです。

例えば、グリム童話の『ヘンゼルとグレーテル』は、もともとは不作と飢饉《ききん》に苦しむ親が、口減らしのために子どもを捨てる話でした。母親に捨てられた幼い兄と妹は、森で道に迷い、森の魔女に捕まります。そんな中でも彼らは親を憎むことなく、ひたすら親のいる家に帰ろう

*代理ミュンヒハウゼン症候群　ミュンヒハウゼン症候群の1形態。虚偽性精神障害の1つ。「ミュンヒハウゼン」は、「ほらふき男爵」で有名なミュンヒハウゼン男爵にちなむ。

とするのです。

アメリカでは、年間1000件もの症例が報告されており、周囲に発覚しないうちに亡くなる子どもも多いとされています。

日本では、2008年度の統計によると、虐待死した児童67人中4.5%に当たる3人の児童が代理ミュンヒハウゼン症候群によるものといわれています。死には至らない、潜在的な患者数はもっと多いと考えられます。医師は、病気の子どもに対して、不必要な注射や投薬などを行い、気づかないうちに虐待に荷担しているという側面もあるのです。

代理ミュンヒハウゼン症候群とは

圧倒的に女性に多い病気で、孤独な子育てが発生を誘発していることもあります。次のような症状が見られたら注意信号です。

- □ 子どもに多数の入院歴・検査歴があるが、病気のはっきりした原因がわからない。
- □ 子どもの症状が検査所見と一致しない。
- □ 母親の話の内容に虚偽がある。
- □ 医療機関で適切に治療しているにもかかわらず、子どもの病状が改善しない。
- □ 母親が子どものそばにいないと症状が改善する。
- □ 母親は医学的知識が豊富で、1つひとつの検査や処置の目的を熟知しているように見える。
- □ 子どもに対して、苦痛を伴う検査をすることを母親に告げても、母親はまったく動揺を示さない。
- □ 子どもの症状が深刻なときには平静だった母親が、子どもの状態がよくなるとなぜか動揺する。

＊**虚偽性障害**　病状などについて、ウソを並べ立てる精神疾患の1つ。詐病《さびょう》（経済的、社会的に利益を受けるために病気であると偽る詐欺行為）とは違って、治療の対象と見なされる。

04 子どもが親に暴力を振るう

親への暴力は甘えの裏返し。「親のせいだ」と鬱憤晴らしをする。

子どもの暴力は両親を追い詰める

1996年に、当時14歳の息子を父親が金属バットで殴り殺すという事件がありました（**東京湯島・金属バット殺人事件***）。被害者の男子中学生は、**2年間にわたって両親に対して暴力を振るっており、息子による家庭内暴力に思い詰めた父親の犯行**でした。

このように、子どもの家族へ向けた激しい暴力の連続は、いずれはさらに恐ろしい事件へと発展する危険をはらんでいます。

家庭内で、親に対して暴力を振るう子どもには2種類のタイプがあるとされます。1つは、**暴力的な家庭に育ったタイプ**です。夫婦間での日常的な暴力の目撃者であった子どもの場合、その子どもに攻撃的な傾向が認められています。暴力が、要求を通すための最も具体的で効果的な方法ということを学習しているのです。

「よい子」がなぜ家庭内暴力？

もう1つのタイプは、親が社会的に安定した職業に就き、経済的に**恵まれている家庭に育った「よい子」**です。実は家庭内で暴力を振るう子どもの大半は後者のタイプです。前出の金属バット事件の息子も、こうしたエリート家庭に育ちました。なぜ恵まれた家庭の「よい子」が親に暴力を振るうようになるのでしょうか。さまざまな要素が複合的に絡み合って起こりますが、ベースには、**神経質で不安感が強く、自分の感情を表現できない傾向がある子どもと、過干**

＊はじめは母親に向けられ、その後父親にも矛先が向かう。両親はひたすら耐え忍んだ。犯行の朝、息子の寝顔を見て「今日も殴られるのか」と思い、実行した。

渉な親という組み合わせが見られます。

思春期になると、学校生活のつまずきや受験の失敗などをきっかけとして鬱屈感を募らせ、「こうなったのは親のせいだ」と、苛立ちを暴力でぶつけてきます。その行為自体が甘えの裏返しであり、親は暴力を受け止めることが愛情であると考え、耐えてしまう傾向があります。ここに**共依存**（▶P127）の関係が見られます。

こうした家庭内暴力には、殴る、蹴るの身体的暴力のほか、暴言を吐く、無視し続ける、反抗的な態度をとる、金銭を強要する、部屋に引きこもるなども含みます。

子どもが親に暴力を振るう家庭

子どもが親に暴力を振るう家庭には２つのタイプがあります。日本では、❷のタイプが圧倒的に多く見られます。

❶ 夫婦間暴力があった家庭

子どもがDVの目撃者。日常的に暴力がある家庭で育つことで、暴力を用いての問題解決を当然と考えるようになる。

❷ 神経質で不安が強く、自分を表現できない子どもと、過干渉な親

思春期のつまずきを、親のせいにして暴れる。親が子どもの暴力を受け入れると、さらに子どもは親に依存するようになる。

＊**東京湯島・金属バット殺人事件**　東京都文京区湯島の自宅で「息子を殺した」と父親が自首してきた事件。日常的に繰り返される暴力に思い詰めての犯行だった。中学に入ってから息子の家庭内暴力が始まる。↗

05

高齢者虐待はなぜ起きる？

終わりのない介護生活に心身ともに疲れ果て、虐待に走ることになる。

被虐待者の7割が認知症

老人福祉施設内で、入居している**高齢者に対する虐待**が発覚し、ニュースになることがあります。高齢者に対する虐待は年々増える傾向にあり、おもに**介護をする側とされる側の間で起こり、家庭内でも起こります**。

具体的には、**①身体的虐待、②心理的虐待***、**③経済的虐待、④ネグレクト**（生活上の環境を悪化させる行為）、**⑤性的虐待**などの虐待があります。

虐待されている高齢者の多くには、何らかの認知症*の症状があると報告されています。認知症による言動の混乱が、介護者にさまざまなストレスを与え、虐待の一因となっていることが考えられます。

また、長年の間に、「厳格な親と、それに従う子」という図式ができ上がっていた家庭では、**親の高齢化により家庭内のパワーバランスが崩れ、それが子どもによる虐待を誘発する**こともあります。

1人で介護している**単身介護**では、介護者が長年の介護に疲れ果ててうつ病を患っていたり、一生懸命に介護するあまりに精神的に追い詰められていることもあります。**介護に伴う経済的困窮や、周囲の人たちの無関心が介護者を孤立させ、虐待に至る**こともあります。

虐待を防止するためには、高齢者とその家族を孤立させない取り組みが社会全体で求められています。

＊**心理的虐待**　精神的虐待ともいわれる。言葉の暴力、罵声、暴言、恫喝、無視、拒否、自尊心を踏みにじる行為など。保護者側に認識のない過干渉も含まれる。

高齢者虐待の背景には何がある？

虐待した本人の問題以外にも、高齢者の性格や、認知症による混乱が影響を与えていることがわかります。

社会環境などの要因

- 家族や周囲の人の介護に対する無関心
- 老老介護（▶▶P70）・単身介護の増加
- ニーズに合わないケアマネジメント
- 希薄な近隣関係、社会からの孤立

虐待者

- 介護疲れ
- 人格や性格
- 疾病や傷害
- 介護に関する知識不足
- 排泄介助の困難
- 生活苦

人間関係

折り合いの悪さ
精神的依存
経済的依存

高齢者

- 認知症による言動の混乱
- 身体的自立度の低さ
- 人格や性格

虐待

（東京都福祉保険局ホームページより）

＊**認知症**　生後いったん正常に発達した種々の精神機能が慢性的に減退・消失することで、日常生活・社会生活を営めない状態。以前は「痴呆」という言葉が使われていたが、差別的であるとして使われなくなった。

06

小動物虐待は歪んだ支配欲の表れ

ショッキングな殺傷事件を起こす青少年は小動物も虐待している。

3つの事件に共通する動物虐待

幼い子どもには、成長過程で昆虫やカエルなどの小動物を虐待することがありますが、年齢が上がり道徳観が育つに従って、そうした虐待はなくなっていくのが普通です。ところが、年齢が上がっても虐待が続き、さらに程度を増していくような場合は、**良心の欠如や暴力的な性癖**が考えられます。

例えば、**大阪教育大学附属池田小・児童殺傷事件**（▶P81）の犯人・宅間守《たくままもる》は、この犯行以前にもさまざまな犯罪行動を起こしており、その中には猫などの小動物の虐待事件もありました。**神戸連続児童殺傷事件**（▶P243）の犯人・酒鬼薔薇《さかきばら》少年も猫を殺し、その死体を目に触れる場所に放置しては周囲の反応を楽しんでいたといわれています。

そして、２０１４年に起きた**佐世保女子高生同級生殺害事件***でも、犯人の女子高生は何度となく猫を解剖していたことがわかっています。

これらの事件の例に見られるように、ある意味、**殺人犯には、動物虐待が見られる**ことがしばしばあります。

動物虐待は暴力事件の始まり

これらの事件は、必ずしも例外的なケースではありません。動物虐待の経験があるのは、一般中学生で約40％、非暴力系事件を起こした犯罪少年で約55％、暴力系事件を起こした犯罪少年で約80％という報告があります。つまり、**暴**

＊**佐世保女子高生同級生殺害事件**　長崎県佐世保市で発生した。公立高校に通う女子生徒が、1人暮らしのマンションで同級生の女子生徒を殺害。遺体の首と手首を切断していた。

力系事件を起こした犯罪少年は、一般中学生と比較して約2倍の頻度で動物虐待をしていたことになります。

動物虐待は人間に対する暴力への第一歩を踏み出していると捉えることができます。アメリカでは、動物虐待を暴力系事件の重大な兆候と捉え、厳しい罰則を設けている州もあります。

小動物を虐待する心理は何？

小動物を虐待する心理はさまざまですが、**虐待を受けていた子どもに見られる症状の1つ**という指摘があります。自分が家族や周囲からされていたのと同じことを自分よりも弱い小動物に向けているのです。

また、**復讐心**＊（▶P64）によるものであったり、また自分自身の怒りを小動物の虐待で表現していることもあります。

いずれの場合も、**家庭内の人間関係**に問題が認められています。ペットが虐待されている家庭では、加害者が親または子どもに関係なく、子どももまた虐待されているという報告もあるのです。

MEMO OF CRIME　動物虐待は法律違反　逮捕されることも

動物虐待も法に触れる行為です。日本では、愛護動物に分類される動物に対して罰則に触れる虐待を行った者については、動物の愛護及び管理に関する法律（動物愛護管理法）が適用されます。

例えば、愛護動物をみだりに殺し、または傷つけた者は、1年以下の懲役または100万円以下の罰金に、愛護動物を遺棄した者は50万円以下の罰金に、などです。

2012年に大阪府和泉市で起きたブリーダー犬161匹虐待事件は、元ブリーダーの女が161匹の犬を不衛生な環境下に置いてエサを与えず、虐待したとして逮捕されました。「犬は家族だ」と言い、異様なまでの愛情を示しながらも、実際の行動は犬たちにとって劣悪極まるものでした。

＊**復讐**　仕返し、報復ともいう。ひどい仕打ちをされた者が、その相手にやり返す攻撃行動。日本の近代以前には、敵討ち（仇討ち）やお礼参りなどが認められていた。

TOPICS 6

DVから逃げる女性のためのかけこみ寺

2013年5月、神奈川県伊勢原市で元妻を包丁で襲った殺人未遂事件。結婚後、夫から肉体的にも精神的にもさまざまなDVが始まりました。妊娠が判明し、意を決して実家に逃れたあとも、中傷ビラや夜中にドアを蹴るなどの嫌がらせを受け、出産後はシェルターを転々とする日々が続きましたが、12年には元夫は元妻の転居先を割り出し、さらに13年には探偵に依頼して元妻の暮らしぶりを偵察。そして、5月の事件へとつながるのです。

内閣府の調査によると、3人に1人の女性が何らかのDVの被害を受けているといいます。すなわち、どこにでもいる普通のカップルや夫婦にもDVが起こり続けていると考えられます。右記の事件のような執拗なDVストーカーもまれではありません。2001年に施行されたDV防止法（→P126）は、被害者の実情に見合った保護・救済措置がとられるように、これまで二度改正されました。DV被害から逃げ、女性相談センターや警察署に逃げ込んだあとも追いかけてくる加害者から守るための避難所（シェルター）も設けられ始めました（いわゆる駆け込み寺）。都道府県に必ず設置されている公的シェルターもあり、生活の場のない女性やDV被害に遭った女性たちを支援しています。

第6章

少年非行に潜む心の闇

01

昔の非行と今時の非行は何が違う？

生活に困って切羽詰まった非行から、遊び気分のカジュアルな非行へ。

貧困による不平等感と社会的不適応

ボクシングをテーマにしたマンガに「あしたのジョー」*があります。主人公の矢吹丈《やぶきじょう》（ジョー）は、**児童養護施設***で育ったという設定の非行少年で、ボクシングの才能を見込まれ、プロのボクサーとして成長していくというストーリーでした。

「あしたのジョー」はもちろんフィクションですが、一昔前の「**不良**」のイメージといえば、この矢吹丈のように**「両親のどちらか、あるいは両方が不在である」「経済的に困窮している」**といった顕著な特徴がありました。

貧困と犯罪の関係（▼P34）や知能と犯罪の関係（▼P234）については、多くの検証がなされてきています。確かに、国際的にも貧困は犯罪の原因とされており、第二次世界大戦以後の日本では、非行少年の多くが貧困家庭であったといいます。

ただし、それによって貧困と非行を短絡的に結びつけるのには問題があります。**貧困によって、少年が不平等感を抱いたり、被差別感を抱くこともあるでしょう。**また、社会がそのような状況を改善できなかったことも関係していると思われます。

遊び感覚で非行に走る

近年は、こうした**古典的非行少年像**はあまり目立たなくなり、むしろ**経済的に恵まれ学校での成績も悪くない生徒が、満たされない気持ちか**

＊**あしたのジョー**　梶原一騎《かじわらいっき》原作、ちばてつや作画。1968～1973年に『週刊少年マガジン』で連載され、よど号ハイジャック犯の声明に使われるなど、一世を風靡《ふうび》した。

ら、遊び感覚で非行に走る例が増えてきています。貧困や反抗が古典的非行の原因とするなら、遊び型非行は、友達に誘われたり、スリルや好奇心を求めたりして行われており、非行そのものが目的となっているのです。

例えば、**初発《しょはつ》非行**の代名詞ともいえる**万引き**（▶P174）も、「食べるものに困って」といった切羽詰《せっぱ》まった動機よりも、遊び仲間に誘われて、軽い気持ちで行うことがほとんどです。こうした非行は、年齢とともに卒業していき、大人の犯罪に移行していくケースはあまりありません。

変わる非行スタイル

一言で「非行」といっても、時代が変われば、有り様も変わります。今時は、遊びの延長での非行行為がほとんどです。

一昔前の非行

貧困　反発

今時の非行

遊びの延長　軽い気持ち

＊**児童養護施設**　児童福祉法で定められた児童福祉施設の１つ。保護者のいない児童、虐待されている児童などを入所させて養護するのが目的。入所対象者は原則として１歳から18歳まで。

02

非行とは、少年による犯罪のこと

20歳未満の少年（少女）による犯行は、少年法により「非行」と見なされる。

重大事件を起こしても「非行」

「**非行**」とは、「道義に外れた行い。不正の行為」（広辞苑）ですが、日本の社会では、**少年法**（▶P212）において、**20歳未満の少年***による**犯罪行為、触法《しょくほう》行為および虞犯《ぐはん》（犯罪を行う恐れがある状態）を総称**して「非行」としています（▶P216）。つまり、重大事件を起こしても、それが少年が起こしたものならば「非行」とされるのです。

日本においては、罪を犯した少年に対して原則として**保護的な矯正教育を優先しようという大前提**があり、刑法による刑事罰を科さずに、保護矯正的な措置を採ってきています。ただし、これは殺人などの重大な罪を犯した場合を除きます。2000年に少年法が改正され、従来は16歳以上に限定されていた検察官送致が、14歳以上であれば、**犯した罪の内容によっては検察官送致を受け、少年刑務所に服役させられる**ようになりました。

少年刑法犯検挙人員は、近年でのピーク時である2003年からは減少傾向にあります。少子化傾向にあるという点を考慮に入れても、減少傾向にあるといえるでしょう。また、少年による凶悪事件も、長期的には減少・安定化しているようです。

2012年の少年非行（犯罪）の罪名は、年少少年（14、15歳）では窃盗が約6割を占め、年長少年（18、19歳）では自動車運転過失致死傷等が約4割を占めています。

＊**少年**　20歳未満であれば、男性女性を問わず「少年」と呼ぶ。なお、少年刑務所は男性のみが服役する。女性の少年受刑者は、成人女性の受刑者と同じ施設に収容される。

非行少年とは

非行とは、20歳未満の者が刑罰法令に違反する行為をいいます。そして、非行少年は、以下の3つに分類されます。その罪名の占める割合は、年少、中間、年長によって変化しています。

触法少年

14歳未満の刑罰法令違反者。

犯罪少年

14歳以上、20歳未満の刑罰法令違反者。

虞犯少年

20歳未満で、一定の不良行為があり、かつ将来刑罰法令に違反する恐れのある者。

犯罪少年の検察庁新規受理人員の罪名別構成比（年齢層別）

（2012年）

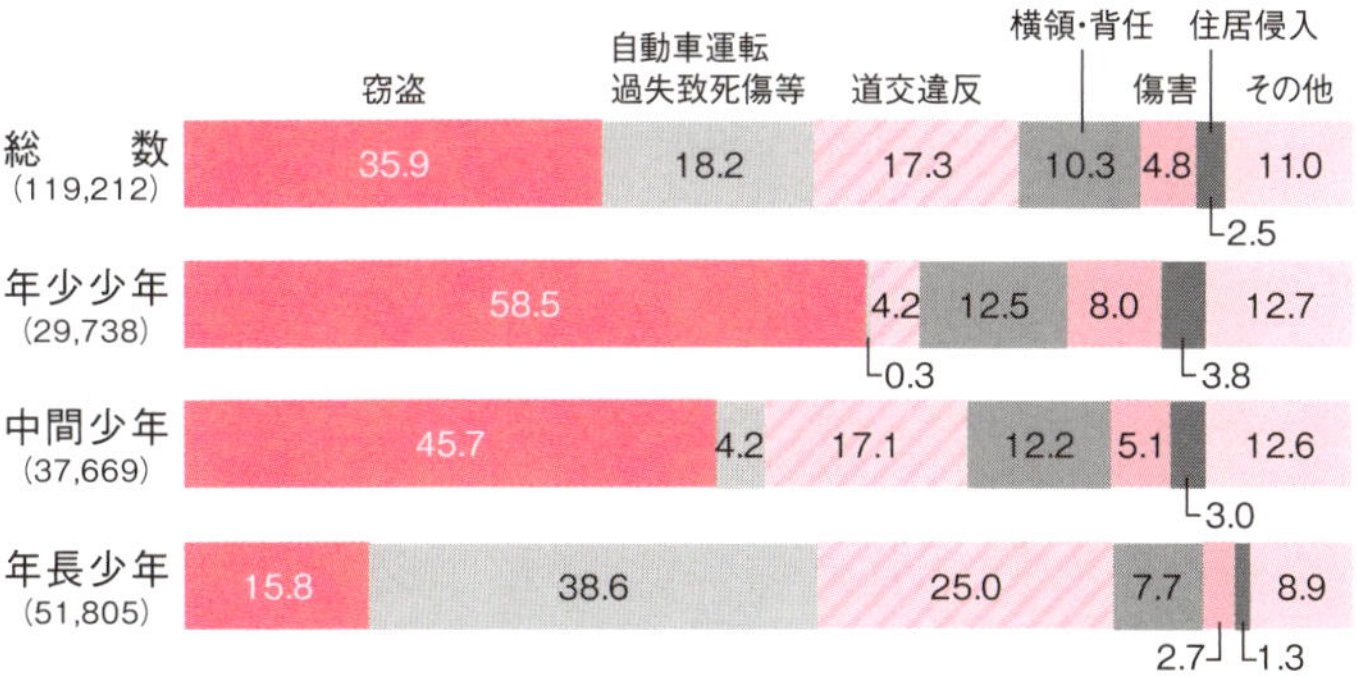

03

非行少年が生まれる要因とは

なぜ非行少年化するのか、その理由を求めて多くの学者が研究している。

グリュック夫妻の多元的因子論

少年非行はなぜ生まれるのでしょうか。その解答を求めて、アメリカの犯罪学者*グリュック夫妻**は、少年の非行行為に関する大規模な研究を30年もかけて行いました。**経済状態や人種などにあまり差がない、非行少年とそうでない少年たち**を比較した研究でした。

グリュック夫妻の研究では、両者500人ずつに家族や近隣等を含む社会文化的条件、身体、知能、性格、気質など400項目以上における差異を調べ、その差異から非行少年の特徴を導き出しました。その結果、性格特性因子、人格特性因子、社会的因子に両者の差があるとしたのです*（**多元的因子論**）。

非行少年の特性として、以下を挙げました。

● **性格特性因子**……社会的主張、反抗性、猜疑《さいぎ》的、破壊的、情緒易変《いへん》性など

● **人格特性因子**……冒険性、行動が外向的、被暗示性、頑固、情緒不安定など

● **社会的因子**……父の厳格で気まぐれなしつけ、母の不適切な監督、両親が愛情面で子どもに無関心または敵意を持っている、家族の結びつきの希薄さなど

これらの特徴は、日本でも非行予測法として活用されたことがあるようです。

しかし、この方法は、**多数の要因を並べ上げただけのもので、それらの因子の相互の関連を説明する理論的側面が十分でない**という指摘があります。

＊**グリュック夫妻**　シェルドン・グリュックとエレノア・グリュック。少年の非行原因を「多面的近接方法・精神分析理論」をベースにして統計的に調査した。

グリュック夫妻による「少年が非行化する要因」

グリュック夫妻が唱えた多元的因子論によると、少年が非行化する要因は以下のようなものでした。

● 性格特性因子

社会的主張が強く、敵対的で猜疑心の強い性格。破壊的で、感情も変わりやすい。

● 人格特性因子

反権威主義の冒険精神があり、行動が外向的で直接的行動や具体的表現を好む。

● 社会的因子

父の厳格で気まぐれなしつけ、母の不適切な監督、両親が子どもに無関心または敵意を持っている、家族関係の希薄さなど。

中胚葉型の身体的特徴

筋骨の発達した者が多く、肥満型ややせ型は少ない。

＊**多元的因子論**　非行原因は単一ではなく、複雑多様であることから、人に関するさまざまな事象を取り上げ、非行少年と無非行少年との差異を求めたもの。

何でも周りのせいにする性格

現代の少年非行を考えるとき、アメリカの社会心理学者**ワイナー**の**帰属理論***が当てはめられることがあります。帰属理論とは、**トラブルや不満の原因をどこに求めるかをタイプ分けしたもの**です。ワイナーは、成功と失敗の帰属（原因）をどこに求めるかによって、次の課題への成功と失敗の期待感情（意欲）が決定され、達成行動（目標達成に向けて行われる行動）に影響するとしました。

その帰属には**内的帰属**と**外的帰属**がありま す。前者は本人の性格など内部にあるものに理由を求めます。後者は、状況や運など外部にあるものに理由を求めます。非行少年の場合、**成功や失敗の原因を自分の内部に求めること（内的帰属）をせず、家庭や両親、学校などの外部に求める（外的帰属）ことが多い**ようです。また、自分の行動も外部のせいにしがちです。

何をやってもムダという無力感

そして、何度も失敗し、何度も外的要因のせいにしているうちに、「どうせ自分は何をやってもダメだ」「どうせ自分は社会から見放されているのだから」と投げやりな態度が形成されていきます。このように、**「何をやってもうまくいかない、何をしても意味がない」ということを長期にわたって学習していく**ことを、アメリカの心理学者**セリグマン**は「**学習性無力感**」と発表しました。

このような無力感を持つ少年もまた、非行に走る傾向があるといわれています。

非行少年は群れたがる

ところで、文化の違いを経験すると、人は葛藤を抱き、それが犯罪につながることがあると述べました（**文化葛藤理論**▶P36）。私たちは自分を取り巻く文化を身につけて育ちます。非

＊内的帰属型は、トラブルの原因は自分の態度や性格などにあると考える。外的帰属型は、トラブルの原因は周囲の人間や組織、制度などにあると考える責任転嫁型といえる。

行少年の場合、中流階層には属さない少年たちは非行集団をつくり、そこで安定したポジションを手に入れるケースが見られます。社会は複数の下位集団によって構成され、その下位集団に固有な思考や行動様式を副次文化と呼びますが、アメリカの社会学者**コーエン**は、このような非行少年に見られる特性を「**非行副次文化**」と名づけました。

一般に、非行少年は、**すでにある非行グループの仲間に加わって非行化していく**場合がほとんどです。例えば、出来心で万引きをした少年や同級生にいじめをした少女などは、非行グループの誘いに乗りやすいといえます。彼らはそこで自分の居場所を見つけ、そのグループの悪しき文化に染まっていってしまうのです。

非行グループの彼らは皆一様に無力感を抱いており、しかも常に心は揺れ動いています。だからこそお互いに支え合わないと行動できません。そして、非行グループの中でもボス役、下っ端役と階級が確立していきます。グループで「上位」を得られるとさらに安心感を抱き、「下位」の少年たちは、上位の少年に従うことにより、さらに犯罪に走ることになります。

MEMO OF CRIME

学習性無力感を実証した「セリグマンの犬」

セリグマンは、2匹の犬に別々のやり方で電気ショックを与えました。1匹にはボタンを押せば電気ショックが止まるような装置をつけ、もう1匹にはその装置をつけず、電気ショックを与え続けました。

その後、飛び越えられる高さの仕切りがついた部屋で2匹の犬に同様に電気ショックを与えたところ、前の実験でショックを避けることを学習した犬は電気ショックを避けるために仕切りを飛び越えましたが、装置を与えられなかった犬は何も行動をとろうとせず、電気ショックを受け続けました。

この実験からセリグマンは、無気力状態は学習によって身につくものと結論づけたのです。

＊**帰属理論**　ワイナーは、内的帰属の中には、変動しにくい要因（能力など）と変動する要因（努力など）があり、外的帰属にも変動しやすい要因（運など）と変動しにくい要因（課題の困難度など）があるとした。↗

04

少年・青少年の非行の深まり方

社会性の育まれ方によって、非行化も留まるか、深まるかが決まる。

社会化を支える準拠集団

社会化*とは、「**個人がその所属する社会や集団のメンバーになっていく過程**」と定義されます。子どもにとっては、家族、そして保育園や幼稚園、学校の先生や仲間たちを通して成長していくことを社会化といいます。そのときどきでさまざまな集団と出会い、社会の規律を学んで、人間として成長・発達していくのです。

このように**人間の価値観や信念、態度、行動などに影響を与える集団**を**準拠集団***と呼びます。子どもにとっては家族や学校などであり、高校を卒業して働く青少年たちにとっては職場が準拠集団となるでしょう。

つまり、子どもたちの社会化は、この準拠集団の人々を通して行われることになります。そこで、その所属する準拠集団がどのような性格を持っているかによって、子どもの社会化過程も変わり、人格形成に大きな影響をもたらすことは容易に想像できます。

社会心理学者の**安倍淳吉**（▶P42）は、青少年の社会化過程を研究し、非行性を捉える場合は、人格、文化、そして社会の相互的関連性を考えなければならないというスタンスを示しました。そして、少年・青少年の**社会化**と**非行（犯行）深度理論**を展開したのです。

一方、社会心理学者の**新田健一**《にったけんいち》は、安倍淳吉の非行深度理論に準拠して、非行性の進度段階を探索するため、数量的なデータ解析を実施し、非行進度の判定基準を作成しました。

＊**社会化**　一般的に、幼児期から児童期にかけてを第１次社会化（基本的生活習慣の習得）、児童期後期から成熟期にかけてを第２次社会化（社会的役割の習得）と呼ぶ。

非行深度Ⅰ、Ⅱ

安倍淳吉の非行（犯行）深度は4段階に分けられます。子どもの社会化が進むにつれて非行レベルの行動範囲も上がっていきます（Ⅲ、ⅣはP151）。

第Ⅰ段階

社会化

幼年期・少年期。特に家族の存在が子どもの行動に直接的影響を与える時期。

非行レベル

- 家庭内暴力
- 学校内でのいじめ
- 通学路にある店での万引き　など

行動範囲は家庭と学校の範囲に留まるが、非行が発覚すると、社会問題に発展する。

第Ⅱ段階

社会化

思春期。次第に行動範囲が学校区域外にも広がっていく。興味もいろいろな方面に向くようになる。

非行レベル

- 万引き
- バイクや自転車の窃盗
- バイクの暴走行為　など

学校の先生や家族の目も届かなくなり、遊び感覚の集団非行が多くなる。計画性はなく、違法性も認識していない場合が多い。

＊**準拠集団**　リファレンスグループ（reference group）。準拠集団の中にはオピニオン・リーダーがいて、その人が価値観やライフスタイルに影響を与えることもあるため、マーケティングにも活用される概念。

非行深度から犯行深度への移行

安倍淳吉の非行（犯行）深度は4段階に分けられ、**子どもの社会化が進むにつれて非行レベルの行動範囲も上がっていく**というものです。

●第Ⅰ段階

幼年期・少年期の社会化です。特に家族の存在が子どもの行動に直接的影響を与える時期です。この時期は、**家庭内暴力や学校内でのいじめ、通学路にある店での万引き**などが考えられます。行動範囲も家庭と学校内に留まりますが、非行が発覚すると、社会問題に発展します。

●第Ⅱ段階

思春期になると、次第に行動範囲が**学校区域外**にも広がっていきます。小遣いも増え、興味もいろいろな方面に向くようになり、通学路を外れて行動するようになります。当然、学校の先生や家族の目も届かなくなります。

そのため、非行レベルも多種多様になり、**万引きをはじめ自転車の窃盗など、遊び感覚の集団非行**が発生します。計画性はなく、違法性も認識していない場合が多いようです。

●第Ⅲ段階

義務教育は中学までで、中卒で社会人となる者もいれば、高卒で社会人となる者もいます。仕事に就く者もいれば、フリーター*やニート*化する者もいます。この時期にまで非行が続くようであれば、社会化の進行がストップし、**遊び型非行**（▶P140）**から本格的な非行へと移行してしまう**危険性があります。つまり、**非行から犯行への移行**となってしまいます。

●第Ⅳ段階

すでに**自分が犯罪者であることを自覚している段階**です。そして、第Ⅲ段階の犯罪見習い者とでも呼ぶべき者を使って犯罪行動を起こさせたりします。社会も明確に犯罪者として扱うようになり、この時期になると、犯罪から足を洗うのは容易ではなくなります。

＊**フリーター**　アルバイトやパートタイマーなどの非正規雇用の人を指す。ただし、学生は含まれない。フリーランス・アルバイターの略称。

非行（犯行）深度Ⅲ、Ⅳ

深度Ⅲは、遊び型非行から犯罪への移行時期です。深度Ⅳになると本格的な犯罪者になります。

第Ⅲ段階

社会化

中卒で社会人となる者もいれば、高卒で社会人となる者も。仕事に就く者もいれば、フリーターやニート化する者もいる。

非行レベル

- タバコの乱用
- ドラッグ使用の可能性　など

この時期にまで非行が続くようであれば、社会化の進行がストップし、遊び型非行から本格的な非行（犯行）へと移行してしまう危険性がある。

第Ⅳ段階

社会化

すでに自分が犯罪者であることを自覚している段階。社会も明確に犯罪者として扱うようになる。

非行レベル

- 窃盗
- 詐欺
- 暴力団　など

犯行の手口も専門化。第Ⅲ段階の犯罪見習い者とでも呼ぶべき者を使って犯罪行動を起こさせることもある。

＊ニート　Not in Education, Employment or Training＝NEETから。就学、就労、職業訓練のいずれも行っていない人を指す。学生や家事手伝いはニートには含まれない。

05

親子や家族、社会との結びつきが大切

家族間の絆や社会との絆が薄れたとき、非行が生まれる。

家族間に存在するコンプレックス

家族（特に両親）は、子どもを養育するだけでなく、社会の構成員として必要となる知識や技能の基礎を身につけさせるために、しつけや教育を行う役割も持っています。そして、少年が最初に関わる**準拠集団**（▶P148）が家族といえます。だからこそ、少年と家族との関係が少年非行において注目されるのも当然ではないでしょうか。

殺人は、家族間で起きるものが最も多く（▶P68）、その背景にはさまざまな**コンプレックス**（▶P46）が影響していると第2章で述べました。非行においても、コンプレックスは非常に重要な影響を及ぼしています。

社会的絆からの逸脱が非行を生む

さて、家族の絆についてお話しする前に、もっと大きな、社会的絆について説明しましょう。***社会的絆**とは、アメリカの社会学者**ハーシー**が提唱した理論で、**社会的絆（ソーシャル・ボンド）の強さや種類が逸脱行為の出現を規定する**というものです。ちなみに社会的絆理論は、***社会統制理論**の1つです。

すなわち、人は家族や学校、友人などの社会的集団と密接に（良好に）結びついている場合は非行行動や犯罪行動をとることは少ないというわけです。裏を返せば、家族や学校、友人などとの結びつきが希薄になったり、**粗悪になったりすれば、非行行動や犯罪行動が起こりやすく**

＊**社会的絆**　ソーシャル・ボンド（social bonds）。個人を社会と結びつける力のこと。この理論は、社会的絆が合法的な性質を持つことを前提としている。

社会的絆の4つの種類

ハーシーは、社会的絆には4つの種類があるとしました。これらの絆が少ない少年は、そうでない少年と比べて、非行を行う割合が高いとされています。

1 愛着（アタッチメント）

家族や友人などの他人に対する愛情（情緒的な絆）。特に親子間の愛着が重要。道徳的絆の中で最も重要なものとされる。

2 コミットメント（傾倒）

犯罪を行うことによる損得勘定。犯罪行為は、結果としては割に合わない行動だと同調すること。

3 巻き込み（関与）

順法的な生活に関わる時間が長ければ、それだけ非合法的なものに関わる時間や機会が少なくなる。

4 信念（規範観念）

社会的な規則・法律・規範の正しさを信じて尊敬すること。

＊**社会統制理論**　social control theory。「社会政策の動機が対象者の社会統制にある」という考え方。社会政策形成における政治的要因、特定社会政策の政治的動機を解明しようとして現れた学問。

なるといえます。
ハーシーは、社会的絆には4つの種類があるとしました（▶P153）。そして、この社会的絆からの逸脱は誰にでも起こりうることであり、逆に「なぜ逸脱が起こらないのか」こそを検証すべきだとしました。

①愛着*（アタッチメント）……家族や友人などの他人に対する愛情。道徳的絆の中で最も重要なものとされる。

②コミットメント（傾倒）……犯罪を行うことによる損得勘定。

③巻き込み（関与）……順法的な生活に関わる時間が長ければ、それだけ非合法的なものに関わる時間や機会が少なくなる。

④信念（規範観念）……社会的な規則・法律・規範の正しさを信じて尊敬すること。

そして、これらの絆が少ない少年は、そうでない少年と比べて、非行を行う割合が高いとされています。

親子、家庭問題と少年非行

愛着とは、「自分のことを気にかけてくれる人がいるということが犯罪・非行の抑止になる、意味ある他者の存在」と言い換えることもできます。子どもが健やかに成長していくためには、愛情に基づいた信頼関係づくりが欠かせません。そのために最も重要なものが「愛着」だといわれています。それだけに、親子の絆が非行に影響を与えることは想像に難くありません。親子関係だけでなく、家庭の有り様がさまざまな形で少年非行に影響を及ぼしているのです。犯罪心理学者の**森《もり》武《たけ》夫《お》**は、非行少年の家庭の負因について、**①家庭の問題**、**②親の問題**、**③親の喪失と不在**の3つを挙げています。

そして、こうした家庭・家族の問題が、そこで育った子どもの非行に結びついていくと考えました。社会的絆と家庭環境と少年非行の発生には密接な関係があるのです。

↘無差別な社会的反応）、第２段階（３か月〜６か月ごろまで：差別的な社会的反応）、第３段階（６か月〜２歳ごろまで：真の「愛着」の形成）、第４段階（３歳以降：目標修正的協調関係）の４つに分類した。

非行に結びつく家庭・家族の負因とは

犯罪心理学者の森武夫は、非行少年の家庭の負因について、以下の３つを挙げています。これらの問題が、そこで育った子どもの非行に結びついていくと考えました。

1 家庭の問題

- 欠損家庭（崩壊・片親）
- 家庭の機能障害（育児放棄、失業、貧困、多子など）
- 生育環境とその変化（近隣地域環境、引っ越しなど）

2 親の問題

- 親の機能不全（ゆるい監督、不適当なしつけ、薬物などの反社会的行動、異性問題や酒癖等の素行不良など）
- 親の態度（専制、過干渉、厳格、残酷、無視、放任など）
- 親の愛情（剥奪、拒絶、偏愛、敵意、嫉妬など）

3 親の喪失と不在

- 幼児期に母親を失う母子分離・母性剥奪
- 父親不在
- 両親離別

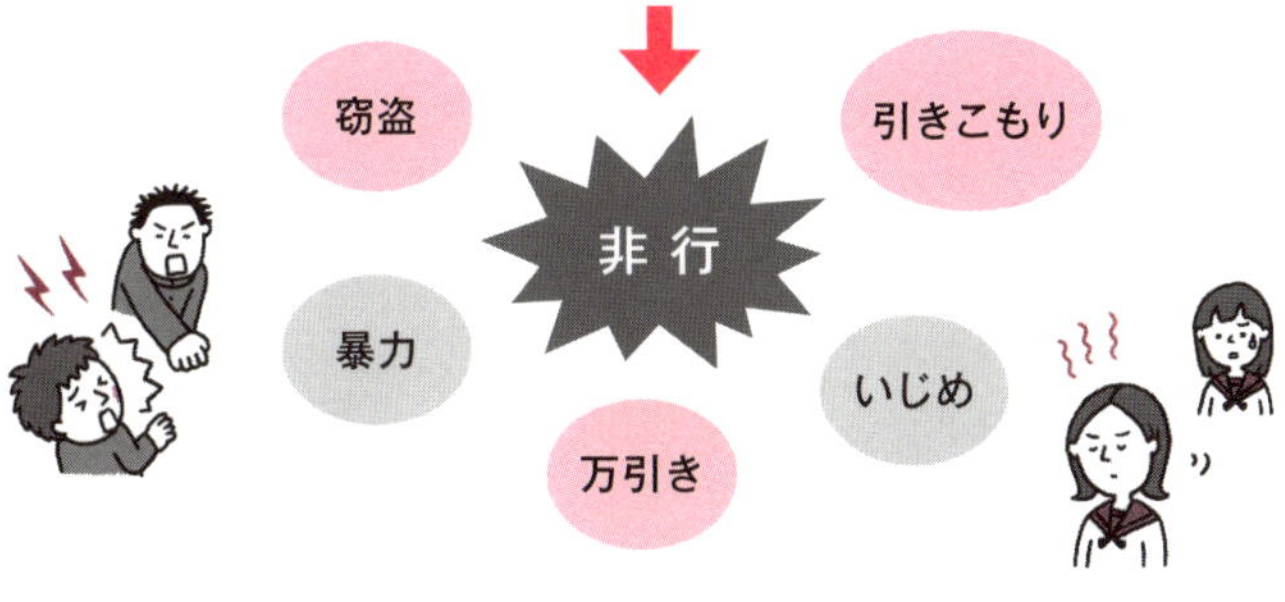

＊**愛着**　attachment。イギリスの小児科医ボウルビィが研究発表の中でこの言葉を使用したのが始まり。生まれてから３歳ごろまでに築かれる。彼は、「愛着」が形成される段階を、第１段階（生後３か月ごろまで：↗

06

反社会的な考え方に影響されるとき

非行グループの反社会的な考え方に「かっこいい」と感じる少年たちがいる。

準拠集団が少年の態度形成に影響

法律は守るためにあります。しかし、人にはさまざまな価値観があり、自分の中にある社会規範も人それぞれです。警察官など法執行に携わる人々は、そもそも法を守る立場にありますが、市井《しせい》の人々の中には「誰も見ていないし、これぐらいなら法を破っても大丈夫だ」と考える人もいるでしょう。

準拠集団（▶P148）についても同じことがいえます。例えば少年が所属する非行グループが「法律なんかクソ食らえ」といった考え方であったらどうなるでしょうか。少年はその価値観を学び、態度を形成していきます。「**態度***」とは、社会心理学においては、**心の中で行動を準備する状態**を指します。つまり、**準拠集団は、少年たちの「態度」の形成に非常に大きな影響を与える**ものなのです。

非行グループ（準拠集団）の反体制、反権威、反社会的な態度には、明確な思想はありません。単に現体制を否定し、権威を否定しているだけにすぎません。その裏には、「どうでもいい」といった投げやりな心理が見てとれるでしょう。要は、**社会や権力*の言いなりになることに反対さえしていれば、格好がつく**というわけです。「いっぱしの大人ぶって」という言葉にも象徴されるかもしれません。そうした価値観を「かっこいい」と感じて受け入れる少年たちがいるのです。左ページには、反社会的な態度を形成していくケースを挙げておきます。

＊**態度**　対象に対する接近と回避に関連した、何らかの反応準備状態を指す仮説的構成概念。つまり、態度によってその後の行動をある程度予測することができる。

反社会的な態度が形成されるケースとは

社会心理学者・安倍淳吉（▶▶P42）は、その「非行発生類型」において、人が反社会的・反法的態度を心の中に形成するケースを４つに分類しました。

1 準拠集団が持つ反社会的な価値観を受け入れる

2 準拠集団が持つ順法的な価値観を受け入れられない

3 準拠集団の混濁した価値観に順応する

4 準拠集団の順法的な価値観に硬直的に適応する

↓

反社会的態度形成

＊**権力**　政治的な場面では、住民、国民すべてに対する強制力を持ち、服従させることができるもの。通常、政治的権力は国家権力を指す。相手の行動を統制する影響力を権力と呼ぶ場合もある。

07

思春期は心が揺れ動く時期

仲間との交流が増え、周囲の評価を気にし、自分探しをするなど葛藤が多い。

心理的な不安定さが行動に現れる

思春期（もともとは産婦人科用語で、青年期前期のことを指す）とは一般に、**第二次性徴***が出現する10歳前後から18歳ごろまでを指します。幼児期、思春期・青年期、そして中年期は**「人生の3大危機」**といわれますが、中でも思春期は身体的・生理学的に大きな変化が生じてくる時期で、**精神的にも「揺れ動く」時期**です。

同性同年代の仲間との交流が増え、高校生ぐらいになると異性への関心も高まります。親離れも明確に始まるようになり、**「自己とは何か」（アイデンティティ**▶P183）を自問していきます。つまり、自分の考えを持つようになり、独立心も急速に強まっていきますから、周囲の大人に反発・反抗したり、刺激を求めて衝動的に行動したりします。行動の内容は、反社会的行動（他者への攻撃）と非社会的行動（自分への攻撃、自殺、自傷、摂食障害など）があります。

人の目を気にし始めるのもこの時期です。自意識が高まることで観察力がつき、自分の容姿やファッション、発言や行動が他人の目にどう映るかが気になります。

一方で、自信が持てずに依存的になったり不安になったり、傷つきやすくなったりします。アイデンティティを追い求めるとともに、自分をも追い詰めてしまうこともあるでしょう。

このように、心理的に不安定で、人間関係で深く悩みやすい時期を**思春期危機**と呼ぶ人もいます。思春期危機は少年が大人になるために通

＊**第二次性徴**　性器以外の身体に見られる男女の特徴。女性は乳房の発達、初経など、男性は筋骨や体毛など。第一次性徴とは、子どもが誕生してすぐにわかる男女の違い。

る必然だとはいえ、このときの**心理的葛藤や危機回避の方法が上手にできない場合、親子の衝突、不良交友、不登校、非行、摂食障害などという形で現れる**場合があります。

また、**心の病気**につながることもあります。

「一日中、何をしても楽しくない」といった気分が何日も続く**うつ状態（うつ病）**＊や「うつ」と「躁」の状態を繰り返す**躁うつ状態**などは、まさに思春期危機に多い病です。

近くにいる親や教師は、このような思春期の子どもを**「人生の悩み」と「心の病」の両面から見守っていく必要がある**でしょう。

思春期危機に陥るものは

思春期には、心の中にさまざまな葛藤を抱え、揺れ動いています。この時期に上手に危機回避ができない場合、以下のようなや状況や摂食障害などが現れることがあります。

● 親子、大人との衝突

親や教師、周囲の大人に反発し、衝動的に行動したりする。

● 不良交友

仲間との交流範囲、行動範囲が広くなり、不良仲間との交流が生まれることも。

● 不登校

学校での孤立感、不安などを抱えて、学校へ行きたくなくなり、家に引きこもる。

● 非行

イライラを解消するために万引きに手を出すなどして、スリルを味わうことも。

＊**うつ病**　気分障害が継続し、主観的に強い苦痛を感じる病気。精神面では、気分が落ち込む、興味が湧かない、集中力の低下、自信喪失、自殺願望など。身体的には睡眠不足、食欲減退など。

08

不良のレッテル貼りが不良をつくる

出来心で犯した行為から不良の烙印を押されることで、社会から逸脱していく。

「不良少年」と見られると孤立する

「あいつは不良だから、近寄らないほうがいい」という言葉を大人が口にするのを聞いたことがないでしょうか。なぜそのようなことを言うのかというと、例えば、その少年が一度自転車泥棒をして補導されたことがあったり、万引きを見つかって、店員にいさめられたりしたことがあるからかもしれません。このようなことが発覚すると、周囲は彼を今までと違った目で見るようになります。その行為が、魔が差した程度の出来心だったとしても、それだけで世間は彼を「**不良少年**」と見てしまうのです。

　大人から「あいつとは付き合うな」と言われた子どもたちも、やはりそのように見てしまい、その**少年は次第に孤立していきます**。そうなると、その少年は不良グループに自分の居場所を求め、**本当の非行少年になってしまう**ことがあります。

ラベリング理論と予測の自己実現

　このような状況を、アメリカの社会学者**ベッカー**は、**ラベリング*理論**として提唱しました。ラベリング理論では、**社会的な規範に対する違反行為を「逸脱*」と定義し、その行為をした人を「逸脱者」としてラベル付け（レッテルを貼る）することによって、さらなる逸脱を生み出す**というものです。

　この現象は、心理学でいう「**予測の自己実現**」と通じるものがあります。「予測の自己実現」

＊**ラベリング**　labelingは「ラベル（label）を貼ること」の意。レッテルとはオランダ語のletterで、もともとは商品に貼る商品名や内容、容量などを書いた小札のこと。

とは、相手の第一印象が確立すると、その印象に合わせた対人認知が行われ、相手もそれに応じた言動をするようになるため、予測が実現されるように誘導されることをいいます。

いずれにしても、周囲が非行少年あるいは犯罪者だというレッテルを貼ることで、当人はそのラベリングに応えるように逸脱していってしまうのです。裏を返せば、**誰がラベリングするかということも問題**になってきます。ラベリングによって、本当の非行少年や犯罪者を生み出すとしたら、まさにそのほうが罪深いといえるかもしれません。

ラベリング理論とは

いわゆる「レッテル貼り」のことです。ラベリングは、少年の非行化に大きく影響します。

1　「魔が差した」逸脱行為（初犯）

↓

2　周囲の大人が「あいつは悪いやつだ」とレッテルを貼る（ラベリング）

↓

3　レッテルを貼られて悩み、苦しむ

↓

4　非行グループの誘いに乗る

↓

5　犯罪が常習化していく

＊**逸脱**　規範を破ること、あるいは規範から外れること。規範とは社会や文化によって異なるので、同じ行動でも社会や文化によっては「逸脱」と見なされないこともある。

09

学校はさまざまな問題を抱えている

閉鎖的な社会では、教師、児童・生徒、保護者それぞれの思惑が渦巻く。

迷走を続ける学校現場

学校問題は、いじめ（▼P168）や学校崩壊など、子どもたちの側面から取り上げられるケースが目立っていましたが、最近は不適格教師や教師の問題行動・発言など、教師側の問題も多く指摘されるようになりました。さらには児童や生徒の保護者も加わって、独特の社会と、それゆえの葛藤が生じています。

元より学校は「勉強するところ」であるため、教育に重点が置かれ、それが**画一的な平等主義**の下、**偏差値重視の教育**が行われてきました。それが、詰め込み教育から**ゆとり教育***へ、そのゆとり教育策が失敗し、**脱ゆとり教育**へと教育現場は迷走します。学校でなすべきことがどんどん増え、家庭でやるべきことも学校に押しつけられる状況もあります。そうした状況に教師、児童・生徒、保護者が振り回され、さまざまな弊害をもたらしているともいえます。

人間関係を築けない三者

コミュニケーション障害という言葉がありますが、現代人は、対人関係がうまくとれない人たちが増えています。それは、教育現場も例外ではありません。**教師ですら人間関係を築きにくくなっているのです。児童・生徒の保護者も同様です**。そのため、教師と保護者の間でもさまざまな軋轢《あつれき》が生じることになります。

子どもに至っては、さらに「**新人類**」です。ゲームに没頭し、小さいころからインターネッ

↘さらに完全週5日制になった。この教育を受けた者たちを「ゆとり世代」と呼ぶ。しかし、2007年からゆとり教育の見直しが始まり、2011年にゆとり教育は終了した。

トに親しみ、内へ内へと向かう生活態度が、コミュニケーション障害を有する子どもたちを増やしているともいえます。

このように、学校という場所は、**教師、児童・生徒、保護者のさまざまな文化的葛藤が渦巻いている**のです。

不登校から非行、引きこもりへ

さて、学校を取り巻く問題の中でも、**不登校*児童・生徒**（▶P164）の問題は深刻な状況です。文部科学省の調査によると、全国の不登校児童生徒数（2013年度）は、小学校では2万4175人、中学校では9万5181人で、合わせて約12万人となっています。

不登校のきっかけは、小学校では「本人の問題に起因」が最も多く、中学校では「学校生活に起因」がトップです。また、小中学校ともに「不安など情緒的混乱」が上位にきています。

小学生が挙げる「**本人の問題**」とは、病気による欠席や転校、発達障害（▶P227）との関連などが挙げられています。中学生の「**学校生活**」には、学校での友人関係、教師との関係、学業不振、クラブ・部活動への不適応などが含まれています。

MEMO OF CRIME

大人たちにとっての「新人類」は次々と生まれる

1978年に発売されたインベーダーゲームは、爆発的人気となりました。また、翌年からは大学入試に共通一次試験が導入されました。このような社会背景とともに、それまでの若者とは一線を画する感性や価値観の若者たちが現れ始め、これらの若者たちを「新人類」と呼ぶようになったのです（1986年の新語・流行語大賞）。当時の新人類の代表が、浅田彰、秋元康、いとうせいこう、みうらじゅんらでした。

しかし、いつの時代でも、大人たちの価値観からはみ出した理解不能な若者たちは、大人社会にとっては「新人類」なのかもしれません。

＊**ゆとり教育**　2000年代から2010年代初期まで実施されていた「ゆとりある学校」を目指した教育。詰め込み教育を見直して学習時間と内容を減らし、教科「生活」を新設。第2、第4土曜日は休日になり、↗

このような**不登校が長期化すると、引きこもりにつながったり、非行グループの仲間に加わったり、また本人自身が非行に走ったりする恐れも出てきます**。そうなると、ますます学校や社会との関係を築けなくなってしまいます。

引きこもりからの爆発

引きこもりといわれる少年・青少年が、時に爆発して大きな事件を起こすことがあります。社会から自分を隔絶し、他人に関わりを持とうとしなかったのに、なぜ突然そうした激しい行動に出るのでしょうか。

精神科医の**小田晋**は、著書の中で「**引きこもりの若者にはナルシストが多い**」と指摘しています。また、家庭環境を見ると、「**父親の影が薄く、母親と密着した関係が続いているケースが目立つ**」とも述べています。

ナルシストは、その性格ゆえに、些細な失敗にも挫折感を覚えます。そして、それ以上に傷つくことを恐れ、安全な家庭の中に引きこもってしまいます。一方で、そうした自分への**劣等感**はますます強くなります。そして、引きこもっているという行為ゆえに、さらに社会から軽侮《けいぶ》されるという悪循環になっています。**やり**

MEMO OF CRIME

激しい校内暴力からキレる、いじめに移行

1970年代から1980年代にかけて、中学校や高校（おもに公立）で多発した校内暴力事件は、連日のように当時のマスコミを賑わせました。当時のテレビドラマ『3年B組金八先生』でも、校内暴力をテーマに取り上げていました。

校内暴力は、対教師暴力、生徒間暴力、器物損壊などに分かれます。その理由は、学校への不満、学業不振など自分自身への苛立ち、教師に対する不満などさまざまです。当時の校内暴力は、派手な暴力事件がほとんどでしたが、最近では、おとなしい子がいきなりキレる（▶▶P48）、陰湿ないじめなど、見えにくい形に変化してきています。

＊**不登校児童・生徒**　心理的、情緒的、身体的、あるいは社会的要因・背景により登校しない、登校したくてもできない状況にあるもの。年間30日以上欠席で不登校とされる。

場のないその欲求不満は、親に対する家庭内暴力という形で現れることもあります。

引きこもり生活を続けるうちに、マンガやビデオ、インターネットなどの仮想現実にはまってしまう少年も少なくありません。そこでは、劣等感に苦しむ引きこもりの自分ではなく、生き生きと人生を楽しむ自分がいます。**バーチャル***世界こそが、彼にとって最も意味があるもの**となってくるのです。やがて、そうした歪んだ想像力が暴走し、現実世界でも自分の存在感を確かめたくなります。そして、攻撃の対象を、親から社会に向けるようになります。

不登校のタイプ

不登校の子どもたちを見守るためには、なぜ不登校になったのかを考える必要があります。不登校を7つのタイプに分けました。

1 分離不安型
母親から離れることに不安がある。
小学校低学年に多い。

2 よい子息切れ型
几帳面な性格で、こだわりが強い。

3 甘え・依存型
内面的に未成熟で、周囲への依存度が高い。

4 無気力型
登校しなくても罪悪感を感じない。

5 学校生活起因型
いじめや教師との関係などで登校できなくなる。

6 神経症型
精神疾患の初期症状として現れる。

7 学業成績不振型
不得意な教科があり、成績不振で、学校生活への自信をなくす。

＊**バーチャル**　virtual。（名目上はそうではないが）「事実上の」「実質的な」の意味。realの反語で、「虚の」「仮の」をも意味する。バーチャルな世界、バーチャル・リアリティ（仮想現実）などと使う。

10

優等生が「ワル」に豹変するとき

誰が見ても優等生でよい子は、一方で悪との間を漂流していることもある。

傷ついたプライド、悪の免疫

優等生と見られていた少年が非行少年に変身することがあります。例えば、成績もよく、近隣からも礼儀正しい子と思われていた少年が、ちょっとした失態を演じて笑われ、いたくプライドを傷つけられて、「あいつら、許せない！」と反社会的な行動に出るケースなどです。

このような場合、今まで失敗体験がなかったために、それを受け入れる余裕もなく、失敗に対する対処方法も知らず、非行に走ってしまうのです。つまり、**挫折に弱いタイプ**です。

あるいは、順法的に生活してきた少年が、ある日アダルトビデオにはまってしまったというケースもあります。この場合は、**反社会的なものに対する免疫がない状態に、「毒」である情報に触れ、その人格や行動が一変してしまった**と考えられます。

現代の少年たちは「漂流」している

一方、優等生でありながら、その仮面の下で非行を働く者もいます。1980年代後半ごろ、東京・渋谷に**チーマー***なる不良少年グループがたむろし始め、グループ同士で抗争したり、一般人にケンカを売ったりしました。彼ら初期のチーマーは、**裕福な家庭の若者で構成**されていました。昼間は普通に高校に通い、人並みに勉強もしていました。彼らは**優等生と非行少年の間を行ったり来たりしていた**のです。

このような現代的非行の状態をアメリカの社

＊**チーマー**　teamに-erをつけた造語。はじめは渋谷で見られたグループにつけられた名称だが、次第にそれ以外の場所のグループにも使われ始めた。

会学者**マッツァ**は「**漂流理論**」として説明しました。漂流理論とは、現代の若者たちは順法的な生活を前提としつつ、もっと自由に行動し、時には違法的な行動もするというもの。文字どおり、**善と悪の間で漂流している**のです。

彼らの特徴は、善と悪の間を漂流しながら、**自分を非行少年と認めていない**ことです。そこには彼らの行動を正当化する理論「**合理化・中和**」策が使われているようです。

①**責任の否定**……「自分はやっていない。見張っていただけだ」

②**加害の否定**……「カツアゲではなく、お金を借りただけだ」

③**被害者の否定**……「悪いのは自分ではない。因縁をつけてきた相手だ」

④**非難者への非難**……「大人に非難する資格があるのか。自分たちだってやっているくせに」

⑤**高度な忠誠への訴え**……「仲間を助けるためにやった」

つまりは**責任転嫁**です。世間や親に対する甘えが行動に現れているといえるでしょう。そして、彼らは普通の大人へと成長し、「漂流」していた時代を「そういえば、そんなこともあったな」ぐらいに回想しているはずです。

MEMO OF CRIME

立派な両親の子どもは「黒い羊」か「白い羊」か

アメリカの精神医学者ジョンソンとスズレクは、非行少年に見られる現象を「黒い羊の仮説」で説明しました。スイスの精神科医ユングによれば、人間は建前であるペルソナ（仮面）と、無意識の欲望や衝動がうごめくシャドウ（影）の二面性を持っています。厳格な父親や母親にもペルソナとシャドウがあります。その家庭で育った子どもは、ペルソナだけ当たるように育てられますが、子どもは本能的にシャドウの部分を受け継いでいて、社会の落伍者（黒い羊）になることがあるという仮説です。

一方、同じ家庭で育ったきょうだいでも、両親のペルソナの部分だけ受け継いだ善人（白い羊）となる場合もあります。

11

いじめは陰湿で残酷、そして犯罪

自分の不満やストレスのはけ口として、1人をスケープゴートに選んで行われる。

いじめが不登校や自殺を招く

子どもたちの間で起こっている**いじめ**は、大人たちが想像する以上に陰湿で残酷、かつ悪質で巧妙です。子ども同士のいじめもあれば、先生からのいじめもあります。そして、その**いじめの被害者となった子どもが不登校になったり、自殺を図る事件も少なくありません。**

いじめの加害者は、相手を殴ったり蹴ったりして暴力を振るえば、暴行罪になります。そして相手がけがをすれば傷害罪に問われます。また、執拗な嫌がらせによって相手が病気になってしまった場合も傷害罪が成立します。インターネット上で不名誉なことを言いふらしたりすれば、名誉毀損《きそん》罪や侮辱《ぶじょく》罪となります。カツアゲ*などでお金を無理矢理奪えば恐喝罪や強盗罪になります。つまり、**いじめは犯罪**なのです。

いじめは、**なかなか表面化しない**のが現状です。その理由として、いじめられている被害者自身が、いじめられることはみっともないと思っている、親に心配をかけたくないと思っている、親や先生に言うことで報復に遭うことを恐れている、などが考えられます。また、学校側もいじめの実態を把握していながら、握りつぶしてしまうこともあります。

いじめる側から見れば故意の場合もあれば、本人に悪意のない場合もあります。また、いじめの被害者だった子が、何らかのきっかけで今度は加害者になったり、その反対に、いじめの加害者が被害者に転じることもあります。近年

* **カツアゲ**　おもに中学生や高校生が同年代、あるいは年下の相手に対して行う恐喝行為をいう。恐喝の「喝」と金銭を「巻き上げる」を組み合わせた言葉。

は、無視、仲間はずれなどの陰湿ないじめとともにパソコンやスマートフォンを使った「ネットいじめ」も急増しています。

いじめは、相手の気持ちに思いが至らないことに加えて、**不満やストレスのはけ口**として起こると考えられます。人間関係を培うのが苦手で、感情のコントロールがうまくできず、過剰に高まった攻撃性を持てあまして追い詰められ、その**不満の矛先を弱者に向けて、スケープゴート*にしてしまう**のです。つまり、いじめっ子のストレス解消のためにいじめられっ子が「選ばれている」といえます。

いじめはなぜ起こる?

いじめは、おもに以下のようなステップを踏んで生まれるとされています。

人間が本来持っている攻撃性や残酷性にストレスが加わる

- 人間関係を培うのが苦手
- 感情のコントロールが苦手

攻撃性を持てあます

- 過激なゲームなどを模倣

スケープゴートを発見

＊**スケープゴート**　古代ユダヤ教で贖罪《しょくざい》のために人々が山羊《やぎ》（gort）を生贄《いけにえ》にしていたことから、集団が持つ欲求不満を解消するために、その中の１人を攻撃しようとする集団の心理をいう。

12

「族」というスタイルの盛衰

一世を風靡《ふうび》した暴走族も今は昔。そのスタイルは時代とともに廃れていった。

暴走族、最盛期の2割以下

1980年ごろには少年非行の代名詞であった**暴走族**。特攻服*に身を固め、派手なリーゼントで決めた若者が、改造バイクで爆音を立てながら夜の街を暴走する姿が多く見られました。道徳秩序を乱す一方で、一部の若者たちからは、権力へ反旗を翻《ひるがえ》す**アウトロー***として、憧れの念も持たれていた暴走族ですが、近ごろではその姿もめっきりと減り、最盛期の2割以下という報告もあります。

暴走族は「ダサい」時代

暴走族離れが進んだ理由の1つに、**若者が車やバイクに魅力を感じなくなった**という事情があります。車のメカニックに精通し、車いじりを「かっこいい」と考える時代がありましたが、時が流れ、興味の対象も多様化してきました。車やバイク以外にも、さまざまな娯楽の選択肢が広がりました。

また、不況により、車を所持する層が減ったことも影響を与えました。さらに、2004年に道路交通法の改正もありました。それまで暴走行為を検挙するには、被害者の証言が必要でしたが、警察官の現認だけで検挙できるようになったことも、暴走族離れに追い討ちをかけたと考えられます。

そもそも、暴走族が流行り出したきっかけはファッション性です。マンガやドラマの影響で「かっこいい」ともてはやされ、欲求不満でエ

＊**特攻服**　暴走族やヤンキーがハレの日に着る服。当て字によるコピーやグループ名が刺繍されている。なお、第二次世界大戦時、日本の特攻隊が着ていた軍服とは関係がない。

ネルギーを持てあましていた若者がグループに加わりました。しかし、暴力団が絡んできたり、グループが悪質化したりして、真性の「ワル」になれない者はついていけなくなり、脱落していきました。やがて、暴走族というファッションそのものが、「ダサい」と感じられるようになっていったのです。

欲求不満のはけ口として、暴力的なものに発露を見出すのはよくあることです。しかし、そのスタイルは、時代とともに変化していきます。暴走族という非行に、その盛衰を見ることができます。

暴走族は過去のもの？

過去には非行の代名詞でもあった暴走族も、時代とともに減少していき、「古い」スタイルになってしまいました。

1
2
今日は、久しぶりに後輩と暴れまわるかな
3
何だ、お前。その格好は
4
センパイこそ、ナンスカ、それ。まだ族、やってんすか？もう古いっすよ

＊**アウトロー**　outlaw（無法者）。一般的に、自分の信念や正義によって、自ら法の外に身を置く生活スタイルに使われる。社会から外れて自分流を貫く姿に「かっこよさ」を感じる若者もいる。

TOPICS 7

少年の健全な育成を図る少年警察活動

非行少年は、世の中には珍しくありませんが、実際に事件を起こして逮捕されて裁判にかけられたり、少年院や少年鑑別所に送られたりする少年はごく少数で、多くの非行少年たちはこうした司法手続きに乗ることなく、非行行為を繰り返しています。

これらの非行少年たちが更正できるよう教育やサポートをする活動が少年警察活動です。少年の非行防止および保護を通じて少年の健全な育成を図るもので、各県警に少年サポートセンターが設置され、活動を行っています。その内容は街頭補導活動、少年相談活動、非行防止・立ち直り支援活動、被害者支援活動、広報活動など。最近ではサイバー犯罪を含めた非行防止のための大学生ボランティアの活動もあります。

街頭補導では深夜の徘徊や喫煙・飲酒などをしている少年を補導します。犯罪少年の逮捕も補導ですが、街頭で非行少年に注意したり、相談相手をしたりするのも補導です。被害者支援活動では、被害少年の保護や福祉犯の取り締まり、児童虐待対策、有害環境の影響の排除などを行います。広報活動では、特に青少年の薬物乱用を防ぐためのキャンペーンなどを行っています。

このような警察活動に大切なのは地域社会の協力です。厳しくも温かい目で見守る地域全体の気運が必要なのです。

第 7 章

さまざまな犯罪の心理

01

つい万引きをしてしまう少年たち

悪いこととは知りながら、誘われたから、みんなやっているからと犯してしまう。

万引きは初発非行

動機が単純で、犯行が比較的容易な万引き、自転車盗《とう》、オートバイ盗、占有離脱物横領*の4つを**初《しょ》発《はつ》非行**と呼びます（▶P141）。中でも未成年による万引き（**検挙人員**）は、1998年には5万人強であったのが2013年には2万人弱とかなり減ってはいますが、少年犯罪の中では最も多いものとなっています。ちなみに、警察庁発表の検挙人員には14歳未満は含まれていません（**触法少年***）。

不安と焦り、ストレスなどで魔が差す

さて、NPO法人の全国万引き犯罪防止機構のデータ（全国の129の小中高を対象に実施した意識調査）によると、「万引きは絶対にやってはいけないこと」と答える者が全体の9割に達しました。つまり、ほとんどの少年が、万引きは許されない行為と認識しているようです。

万引きをする理由（推測に基づく回答も含む）は、小学生では「やらないと仲間外れにされるから」が最も多く、男女別では女子がこの回答を選ぶ傾向が高くなっています。小学生で2番目に多い回答は「ドキドキして楽しいから」で、ゲーム感覚、あるいはストレス解消を目的としていると考えられます。この傾向は、学年が上がるにつれて高まります。ストレスも学年が上がるにつれて増えているのでしょう。

さらに、「みんながやっているから」や「それほど悪いことではないから」という回答も学

＊**占有離脱物横領**　遺失物・漂流物など、占有を離れた他人の物を横領する罪。拾った財布を警察に届け出ず、自分のものにするなどを指す。

年が上がるにつれて増えていきます。「万引きは悪いことである」という認識はあっても、「この程度なら大目に見てもらえる」という甘えも見え隠れします。

少年たちの万引きへの衝動や行動は、①家庭や学校などで面白くないことがあった、②たまたま店員の目をかすめるチャンスが到来した、③テレビなどで「みんながやっている」という万引き常習少年のセリフが脳裏に浮かんだ、④他者と比べて自分は真面目すぎるという不安や焦りがよぎった、といった状況から「魔が差した」ともいえるでしょう。

少年たちの万引きの理由

若者たちの約４割は、高校を卒業するまでに万引きを経験しているというデータもあります。何が万引きに走らせるのでしょうか。おもな理由を挙げてみます。

1

家庭や学校などで面白くないことがあった

2

たまたま店員の目をかすめるチャンスが到来した

3

テレビなどで「みんながやっている」という万引き常習少年のセリフが脳裏に浮かんだ

4

他者と比べて自分は真面目すぎるという不安や焦りがよぎった

＊**触法少年**　14歳未満で刑罰法令に触れる行為をした少年のこと。14歳未満の触法少年は、刑法第41条の規定に従って刑事処罰されないことになっており、児童福祉法による処置が原則として行われる。

02

大人の万引きは世相や心の闇を反映

大人の万引きは子どもの万引きを上回って増加し続けている。

生活困窮とストレス、ストローク飢餓

万引きをするのは子どもたちだけではありません。特に近年は**高齢者の万引きが増加**し、社会問題となっています。2013年の警察庁発表によると、未成年における万引きの検挙人員は1万6760人、一方、65歳以上の高齢者の検挙人員は2万7953人。実に未成年の倍近くが検挙されています。2008年以降は未成年以上の検挙が増加し続けています。

大人による万引きの理由で最も多いのが**生活困窮**で、全体の約3割を占めています。一方で、**経済的にも不自由はない主婦や、会社や組織内で責任ある立場にある人が万引きするケースも多い**のです。そして、こうした人たちは何度も

万引きを繰り返します。2014年の『犯罪白書』では、万引きの再犯率で最も高かったのは65歳以上の女性で37・5%、男性では40代が最も高く31・8%でした。

生活困窮以外の万引きの場合、あるいは再犯を繰り返す場合は、心の穴を埋めようとしているケースがほとんどです。例えば、母親の関心を引こうとして始めた万引きに、大人になってから交際している男性と別れたことがきっかけで再び手を染めてしまったという人もいます。

裕福な家庭の主婦は、欲しくないものでも万引きし、使わないまま捨ててしまうこともあります。リストラや夫のDVなど、さまざまな人間関係のストレスから逃れようとして万引きに走るケースもあります。**万引きをすることでス**

＊**ストローク飢餓**　ストロークとは、その人の存在を認める働きかけのこと。ディスカウント（軽視・無視）されて、心に愛情が欠乏したときの状態をストローク飢餓という。

トレスを発散でき、病みつきになって繰り返していくうちに、罪悪感も次第に失われていきます。会社内で努力が評価されないといった無力感など、普段から孤独を感じていて、**周囲に自分の存在を認めてもらいたいという意識から万引きをし、達成感や解放感を味わう**人もいます。このような状態を**ストローク飢餓***といいます。

大人の万引きには世相や社会が抱えるさまざまな問題が反映されています。しかし、万引きは誰でも容易に遂行可能な**ゲートウェイ*犯罪**ともいわれ、軽い犯罪として見すごしていると、重大な犯罪につながりかねません。

万引きの心理的背景

万引きをする動機は、年齢層によって大きく異なります。近年増加している高齢者の万引きでは、孤独感から犯行に及ぶことが多いことがわかります。

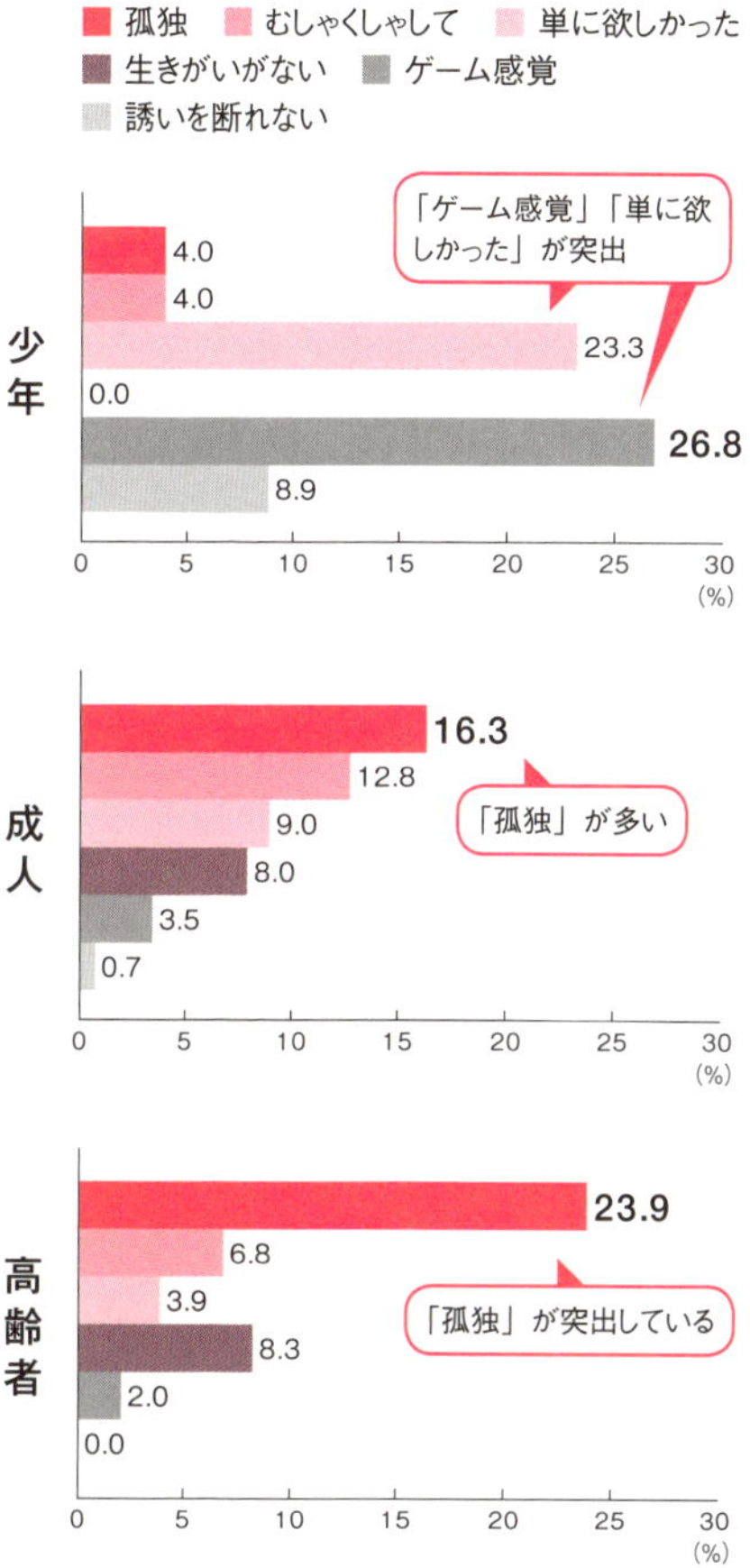

（2009年警視庁発表 「万引きに関する調査研究報告書」より）

＊**ゲートウェイ犯罪** 万引きや自転車盗などの軽微な犯罪を指す。ゲートウェイ犯罪は、犯罪に手を染める入り口（ゲートウェイ）、重大な犯罪への入り口になるといわれている。

03

真面目なはずの人が犯罪に手を染める

事件が起きるたびに、「なぜあの真面目な人が」と世間は驚く。

「いつもは」「普段は」という枕詞

犯罪が発生し、その犯人が捕まったとき、テレビのニュースなどでその犯人を知る人の口から「あんな真面目な人がなぜ?」とか、「あいさつをするよい子だったのに」などといった言葉が聞かれることがしばしばあります。

また、市民を守る立場のはずの警察官が飲酒運転をしたり、教育者である先生などが出会い系サイトで知り合った女子高生にわいせつ行為を働いたりすることもあります。このように、「いつもは」よい子が、「普段は」立派な人がといった枕詞《まくらことば》がつくように、**意外な人が犯罪を行うように受け取られ、なぜだという疑問が世間に湧き起こる**のです。

「よい人」の仮面を被っている

しかし、逆に考えれば、なぜ「真面目な人」「よい子」は犯罪とは無関係に見えるのでしょうか。それは、**社会や私たちが犯罪を行った「真面目な人」や「よい子」に無関心であったため**かもしれません。

誰もが内面にさまざまな葛藤を抱えており、それを周囲や表面に出すことができなかった人たちと考えられます。スイスの精神科医**ユング**は、**人は誰でも社会で生きるための表向きの人格と、それとは逆の内的心象を持っている**としました。ユングは前者の自己の外的側面を**ペルソナ***と名づけました。つまり、中学教師は中学教師の仮面をつけ、警官は警官の仮面をつけ、

↘マ（男性元型：男性が持っている女性像）、アニムス（女性元型：女性が持っている男性像）、シャドウ（影：自分の中にある負のイメージ）、ペルソナ（仮面）などがあるとした。

「よい子」は誰にでも愛される仮面をつけていたのです。

しかし、そうした仮面を被り続けることは、ストレスを内面に溜め込むことになります。**仮面を被った姿と、素顔の自分（人には言えない欲望）とのギャップが大きくなればなるほど、そのストレスは高まっていきます。**そして、本当の欲望が拡大していき、ついにはストレスが爆発して、犯罪に走ってしまうことになるのです。

つまり、「普段は真面目な先生が、その仮面が外れてわいせつ行為を起こしてしまった」と表現すべきかもしれません。

なぜ真面目な人が事件を起こす？

ユングは、誰にでも表向きの人格（ペルソナ）があるとしました。ペルソナと内的心象のギャップが大きいほど、人はストレスを抱えています。

1　表面的には真面目なタイプの中学教師。

2　実はロリコンで、幼い女の子に興味がある。しかし、誰にも言えない。

3　どんどん欲望が大きくなっていく。

4　ストレスがついに爆発。盗撮をしてしまう。

＊**ペルソナ**　ユングは、患者の治療を続ける中で、人の無意識には共通して持つ普遍的な元型（アーキタイプ）があるとした。代表的な元型には、グレートマザー（母親元型）、オールドワイズマン（父親元型）、アニ➚

04 窃盗は最も単純な犯罪

窃盗犯は、知能は低めで、何事にも受動的なタイプに多い。

コソ泥は永遠にコソ泥

万引きや空き巣、引ったくり、置き引き、車上荒らしなどを含めて**窃盗**といいます。いわゆる「コソ泥*」です。日本においては、成人の刑法犯の6割程度が窃盗犯であり、ほとんどの累《るい》犯《はん》者（▶P182）に窃盗の前科があるとする報告があります。

また、精神科医・*福島章《ふくしまあきら》が調査したデータでは、35歳までに窃盗を繰り返し、刑務所の中では規律を守るタイプの**窃盗犯は、窃盗以外の犯罪を行う可能性は非常に少ない**ことが明らかにされています。また、窃盗は反復性が高い（累犯）こともわかっています。

窃盗は、**最も単純な犯罪の1つ**だといえるでしょう（強盗との違いは、暴行や脅迫をするかどうかにあります）。それだけに、誰でも窃盗犯になる危険性があります。また、生活が苦しく、生きるために盗みを働くなどの**環境依存**に加えて、**意志欠如**（▶P182）の傾向があります。**何事にも受動的なタイプ**です。

純粋窃盗と病的窃盗

窃盗犯は大きく2種類のタイプに分けられます。1つは**生きていくために必要な金品などを盗むタイプ**です。**純粋窃盗**といわれ、経済的に困窮している場合が往々にしてあります。盗むものは、必ずしも金目のものとは限らず、アルコール依存症の患者ならば酒類を盗むこともあります。

＊**コソ泥**　人の隙を見て、こっそりと物を盗む泥棒のこと。一方、人並み外れた知恵と度胸、テクニックを持つ大泥棒には、架空だが、怪盗ルパン、怪人二十面相などがいる。

もう1つは**病的窃盗**または**窃盗症**（クレプトマニア）といわれ、**盗む行為そのものが習慣化している**というものです。割合としては少なく、窃盗全体の約5％とされています。

放火症（▶P186）と似て、病的な衝動を抑えきれず、窃盗を繰り返してしまうのですが、手に入れれば、その品物にはまったく関心が湧きません。捨てたり人にあげたり隠しておいたりすることが多く、部屋には未使用の盗品が山のように積まれていることもあります。その一方で、マニア（収集癖のある人）の万引き（窃盗）も病的窃盗に含まれます。

コソ泥は永遠にコソ泥

窃盗は最も単純な犯罪の1つであり、窃盗犯は窃盗しか働かない場合がほとんどです。どんな人がコソ泥になるのでしょうか。

● 知能は低め

● 度胸がない

● 社会生活に不適応

● 人頼みで、自分の意思がない

＊**福島章**　1936～。東京大学医学部卒業の精神科医。府中刑務所医師の経験もあり、病跡学（歴史上の偉人の生涯を精神医学・心理学の観点から研究）の第一人者としても知られる。

05 なぜ人は犯罪を繰り返してしまうのか

意志欠如者や前科者のレッテルに苦しむ者には、刑務所は落ち着ける場所。

検挙者の半数近くを占める累犯者

十分に反省して犯した罪を償ってきても、再び罪を犯してしまう人は多数います。刑務所を出所して5年以内に再び罪を犯し、懲役となった者（**累犯者**）は、1997年以降増え続け、2009年の調査では検挙者の42%が累犯者だったという結果が出ています。また、処罰されたかどうかに関係なく、**事実上犯罪を繰り返す人（犯罪常習者）も多い**のです。

なぜ累犯者や犯罪常習者は懲りずに犯罪を繰り返してしまうのでしょうか。

意志欠如者と前科者というレッテル

もともと犯罪に走るのは、**自分を律する力が弱く、周りに流されやすいタイプ（意志欠如者***）**が多いといわれています。意志欠如者は、飽きっぽく、持続的に何かに取り組むのが苦手で、自発性や能動性が乏しいという傾向があります。このような人たちは、無事に刑期を終えても、就職口がなかったりすることによって生活が成り立たず、生きていくために窃盗を繰り返したりするのです。

また、更生しようと努力しても、前科者のレッテルを貼られ、さまざまな場面で差別が繰り返されます（ラベリング▶P160）。「どうせ自分は頑張っても無駄だ」という否定的なアイデンティティ*から自暴自棄になり、また罪を犯すという悪循環になってしまうというわけです。

ちなみに前科（過去に懲役・禁固・罰金の刑

＊**意志欠如**　意志薄弱と同義で使われる。ドイツの精神医学者シュナイダーは、精神病質には10の類型があるとし、そのうちの１つに意志欠如性を挙げた（▶P81）。

罰または執行猶予を受けたことがある経歴）がある場合、再び罪を犯して逮捕されたとき、たとえそれが軽微な犯罪であっても執行猶予がつきにくくなり、実刑を言い渡されることが多くなります。

障害があり犯罪を繰り返す累犯者

さらに、**知的障害や精神障害があるために犯罪を繰り返してしまう人たち**もいます。例えば、犯罪という認識のないまま売春を繰り返す知的障害者の女性、放火を繰り返す知的障害者などです。このような人たちを**累犯障害者**と呼びます。この言葉は、元衆議院議員でジャーナリストでもある山本譲司が２００６年に刊行した『累犯障害者』によって広く知られるようになり、一般的に使われるようになりました。

厚生労働省が２００７年に行った研究によると、刑務所入所者約２万７０００人のうち、知的障害者、またはその疑いがある人は410人いました。さらに、その約７割が再犯者で、５回以上の累犯者は４割弱もいたといいます。

このような累犯障害者も、**社会での生きづらさゆえに孤立し、経済的に困窮し、再び刑務所に戻ってきてしまう**のです。

MEMO OF CRIME

入所を繰り返す塀の中の懲りない面々

暴力団員であり、服役を経験した安部譲二は、その経験を基に自伝的小説『塀の中の懲りない面々』を著しました（1987年）。彼は、神童と呼ばれた過去があったにもかかわらず、中学時代から暴力団の舎弟《しゃてい》となり、傷害事件を起こして国外へ逃亡。日本に戻って慶應義塾高校に入学しましたが、再び暴力団組員になり、高校除籍後、銃で撃たれ殺されそうになったこともあります。日本でも国外でも服役を数回経験しました。

一筋縄ではいかない懲役囚たちの日常を描いた『塀の中の懲りない面々』はベストセラーとなり、映画化もされました。

＊**アイデンティティ**　心理学では「自己同一性」と訳す。アメリカの心理学者エリクソンが定義したもので、自分は何者であり、何をなすべきかについて心の中に保持される概念。

06

スリは職業的犯罪

スリはテクニックの修得が必要なだけにプライドも高い。

修得すると、なかなか足を洗えない

被害者に気づかれず、金品を盗み取る**スリ**＊。スリは、古今東西で見られる犯罪の1つで、日本では、16、17世紀の書物にその記載があり、また、同時期の西洋絵画にもスリを働く者の姿が描かれています。

スリは単独で行うよりも、グループで行うことが多い犯罪です。被害者の気を引くカモ＊役と、実際に金品を抜き取る実行役、そして見張り役という役割分担で犯行に及ぶこともあります。盗品の処理などで、他の犯罪集団とつながりを持つケースも多々あります。

スリは、同じ窃盗でも引ったくりなどとは異なり、**ある種のテクニックが必要**です。例えば、財布そのものではなく、発覚を遅らせるために財布から現金だけを抜き取るといった高度な手口を使うこともあります。これなどは指先の訓練を重ねなければできない技です。いわば**職業的犯罪**ということができるでしょう。

昔気質のスリにはプライドもあり、用心も怠りません。スリにとって最も価値があるのは自分の手ですから、日常ではできるだけ自分の手を煩わせないように気をつけるといいます。

それだけに、**いっぱしのスリが働けるようになってしまったら、なかなか足を洗えない**というのが現実です。実際、20数回の逮捕歴があり、計46年間を刑務所で過ごしたという81歳の老スリ師が、また逮捕されたというニュースもありました。

＊スリ　江戸時代は「巾着切り」とも呼ばれていた。英語ではpickpocket。「カモ」とは、財布を携帯している人をいう。抜き取った現金以外の物を卸す業者は「フェンス」。

スリの認知件数は下降気味

しかし、そのスリの〝伝統芸〟も徐々に廃れつつあり、スリの認知件数も2003年には2万5000件を超えていたのが、2004年から下がり始め、2013年には5454件と6000件を下回りました。その理由として、**「お客」がカードで支払うことが多くなり、大金を持ち歩かなくなった**ことが考えられます。

ところで、**スリは現行犯でないとなかなか起訴に持ち込めません。**それだけにスリの張り込みに警察は躍起になるのです。

スリのおもな手口

スリはどんなところで狙っているのでしょうか。手口を知って備えたいものです。

1 雑踏で実行する

最も一般的な手口で、ラッシュ時の電車内や遊戯施設、バーゲン会場などの雑踏でスリを働く。

2 酔っぱらいから掏《す》る

酔って帰るサラリーマンなどを電車の中や駅のホームなどで狙う。

3 ズボンの尻ポケットから掏る

尻ポケットに無造作に財布を突っ込んでいる男性は、スリの絶好の餌食。

4 注意そらしによるスリ

服にソフトクリームなどをつけたり、話しかけたりして注意をそらし、その隙に掏る。

＊**カモ**　詐欺などのターゲットとなる人、利用しやすい人をいう。「カモがネギを背負ってくる」（鴨鍋にネギを入れると臭みが取れておいしくなることから）ということわざから転じた言葉。

07

放火は「弱者の犯罪」

被害者と直接渡り合わずにできる犯行。動機は「腹いせ」が多い。

火災原因のトップを占める放火

放火は、日本における**火災原因の1位**を占めるほど発生率の高い犯罪です。2011年度は、「疑い」も含めると、9500件以上もの放火事件が起こっています。つまり、延べ9500人以上もの放火犯がいると考えられます。

放火の罪は、公共の危険を生じさせるもので、特に現に人が住居に使用しているか、現に人がいる建造物などに放火した場合は、現住建造物等放火罪が適用され、罰則も重く、死刑を言い渡されることもあります。

放火は、動機や目的によって6つに分類できます。①怨恨や報復、②バンダリズム*・非行行為、③犯罪の隠匿（殺人等の犯罪を隠匿する）、④保険金の詐欺《さぎ》目的（▶P122）、⑤脅迫・テロ、⑥放火癖によるもの（火に対する快楽）です。

放火事件に共通しているのは、**被害者と直接渡り合わずに犯行に及ぶことができる**という点です。知力・体力を必要とせず、**女性や子ども、高齢者、さらには自信欠乏者でもできる**という意味で、放火は「弱者の犯罪」と呼ばれます。

放火症は心の病

放火犯の中でも、火そのものに喜びを感じる者を**放火癖、放火症**（**ピロマニアあるいはパイロマニア**）と呼びます。これは、**衝動制御障害***といわれる精神障害の1つで、**行為そのものに満足感や性的興奮を得ているため、一度、その楽しみを覚えてしまうと繰り返し犯罪に及ぶ**とい

＊**バンダリズム**　vandalism。公共物や芸術品など、美しいものや尊ぶべきものを破壊したり汚染したりする行為。器物損壊や景観破壊、落書きなども含む。

う特徴があります。火をつける前の緊張感や、火をつけたあとの燃えさかる様子、消防士が立ち回る様子、また野次馬が集まって騒ぐ様子など、火にまつわるすべてが快楽となります。

放火症の人は**連続放火魔**と呼ばれますが、その放火の動機は、多くが**不満の発散**です。例えば、面白くないことが起こったとき、その**腹いせ**に放火します。クサクサしているときに、たまたま放火しやすいゴミ箱を見つけて放火することもあるでしょう。つまり、**直接向かっていっても勝ち目がないと感じるとき、放火という手段をとる**のです。

放火は簡単だが、刑罰は重い

放火は、子どもや高齢者でも容易に犯行に及ぶことができます。その一方で、被害が大きく、刑罰も重くなります。

動機

- 不満の発散
- 直接向かって勝ち目がないと感じるとき

➡ いわゆる「腹いせ」

放火犯に多いタイプ

- 少年
- 女性
- 高齢者
- 自信欠乏者

などの弱者

犯罪の特徴

- 被害者と接することなく犯行に及べる
- 体力や知力を必要としない

↓

簡単に犯行に及ぶことができるが、刑罰は重い。現に人がいる建造物等に放火した場合は、5年以上の懲役刑で、死刑になる場合もある。

＊**衝動制御障害**　長期的には何の利益もないことがわかっていながら、目先の快楽や利益を追求する衝動に駆られて行動してしまう状態。放火症のほかに、窃盗癖やギャンブル癖、抜毛症などがある。

08 交通犯罪は「過失」ではない

車やバイクを運転する人なら、誰でも犯罪者になる恐れがある。

交通犯罪を軽視している風潮

一般人にとって最も犯す可能性が高い罪が**交通犯罪**でしょう。車やバイクを運転する人ならば、ちょっとした気のゆるみから、犯罪者になる危険性が誰にでも訪れます。例えば、スピード違反や追い越しなどの**道路交通法違反***はとても身近なものですし、**人身事故による業務上過失傷害罪や過失致死罪**なども、「自分だけは絶対に起こさない」とは言い切れません。

故意ではなくても、もしも被害者を死傷させてしまうことがあれば、刑事責任を問われ、裁判を受けることになります。重大な結果を招いた場合は、実刑判決を受け、刑務所に服役することもあり得ます。

特に、2002年以降、飲酒運転には厳しい罰則が科せられるようになりました。酒酔いや酒気帯び運転では3～5年の懲役もしくは50～100万円の罰金、さらに死傷者が出るような人身事故を起こした場合には最長20年の懲役を科すことができるようになりました。この改正により飲酒運転は減少しましたが、いまだに違反者が出ているところを見ると、**「まさか見つかるまい」「自分だけは大丈夫」と交通犯罪を軽視している**風潮があるといえます。多くの交通事故は、起こそうと思って起きているわけではありません。

「**業務上過失***」という言葉は、その**「過失」という言葉のために、犯罪という意識が低くなってしまう**のではないでしょうか。しかし、実際に

＊**道路交通法**　略称は道交法。道路を使用する人すべて（歩行者も車などに乗る人も）の安全と、円滑な運行を守るための法律。違反行為に対する罰則などが定められている。

はほとんどの交通事故は故意に行われた違反行為を伴います。それでもそれらの違反の多くが重大な被害となるわけではないため、**取り締まりに遭遇しても、反省するどころか、捕まった不運を恨めしく思ってしまう**のです。

このように、何がよいことで、何が悪いことかを明確にせず、その場の状況や判断によって基準がコロコロ変わることを「**価値基準の混濁**」といいます。

交通犯罪を起こしやすい性格とは?

ところで、誰もが犯罪者になる可能性があると述べましたが、頻繁に事故を起こす人にはいくつか特徴があります。**自己中心的、協調性が乏しい、感情的、せっかち、判断力がない**、などです。

こうした性格は、殺人や窃盗などの一般犯罪者にも共通しており、事故多発者の2~3割が一般犯罪も起こしているともいわれます。

一方で、一般犯罪を起こさない人でも、駐車違反やスピード違反などはしてしまいがちです。いずれにしろ、法を守る意識が低いということはいえるでしょう。

MEMO OF CRIME

繰り返される危険運転に法律も改正を繰り返す

自動車事故は、被害結果が傷害であれば業務上過失運転傷害罪が、被害結果が死亡であれば業務上過失運転致死罪が科されていました。しかし、近年は「過失」とは到底思えない悪質・危険な運転により人を死傷させる自動車事故が相次いでいるため、そのような事故に対して厳罰を科すべく、2007年に「自動車運転過失致死傷罪」が刑法において新設され、「過失運転致死傷罪」が設けられました。最高刑も懲役5年から7年に引き上げられました。

さらにその内容が悪質なものについては、より重い「危険運転致死傷罪」という刑罰が科され、「致死罪」の場合には20年以下の懲役が科されます。

＊**業務上過失** 「業務」とは、社会生活において反復・継続して行う活動のことで、他人の生命や身体に危害を加える恐れのあるものをいう。つまり、通勤や買い物、食事、レジャーなどで利用する運転も含む。

09

成功率の低い営利目的の誘拐事件

犯人像は計画性に乏しいタイプが多い。動機も短絡的。

割に合わない犯罪

誘拐*事件の動機を大別すると、グリコ・森永事件（P192）などの例外を除き、「**営利目的の誘拐**」と「**わいせつ目的の誘拐・監禁**」（P86）の2つになります。わいせつ目的の誘拐は、数日後に帰すこともあります。また、子ども欲しさに誘拐をするケースもあります。

営利目的の誘拐は、映画などでは頭脳明晰な犯人による綿密に計画されたものをよく目にしますが、実は「**割に合わない犯罪**」といわれます。というのも、身代金*の受け渡し方法や人質の扱いに困って失敗するケースが多いからです。実際、営利目的の過去の誘拐事件は、ほとんどが失敗に終わっています。

その一方で、逮捕後の罪は重く、扱いに困った人質を殺してしまった場合などは間違いなく極刑になります。

行き当たりばったりの犯行

このような犯罪を行おうとするのは、**行き当たりばったりで、物事を深く考えないタイプ**の犯人だと考えられます。動機も「あの金持ちなら、いくらでも出してくれそうだ」とか「**手っ取り早く金になるから**」といった極めて幼稚なもので、手口も短絡的で計画性に乏しく、想定外のことが起こるとパニックになって、被害者を殺害してしまったりします。このように、衝動的・感情的な行動をとる人には境界性パーソナリティ障害が見られる人もいます。

＊**誘拐**　人を騙して誘い出し、連れ去ること。英語ではkidnappingだが、大人に対しても使われる。無理矢理連れ去る行為は「拉致」とも表現される。

境界性パーソナリティ障害チェックシート

境界性（ボーダーライン）パーソナリティ障害は、子どもから大人へと成長していく過程がうまくいかず、成熟した大人になりきれていない状態です。次の項目のうち５つ以上に当てはまる人は、境界性パーソナリティ障害の疑いがあります。

CHECK!

- □ 現実または妄想の中で、人に見捨てられることを強く恐れ、それを避けようと異常な努力をする（自殺・自傷行為は含まない）。
- □ 「理想化する」か「こき下ろす」かのいずれかといった、両極端で激しい対人関係しか持てず、安定したコミュニケーションが築けない。

- □ 自己が何者であるか、どうありたいかがわからない。
- □ 浪費、性行為、物質乱用、無謀な運転、無茶食いなどといった、自己破壊的で衝動的な行動を取る（自殺・自傷行為は含まない）。
- □ 自殺の行動、そぶり、脅し、または自傷行為を繰り返している。
- □ 気分や感情が不安定で、ジェットコースターのようにめまぐるしく変わる。

- □ 慢性的に虚無感を抱いており、幸せを感じにくい。
- □ 感情のブレーキが利かず、ちょっとしたことでかんしゃくを起こし、激しく怒り、傷つく。

- □ 強いストレスがかかったとき、一時的に記憶がなくなり、精神病状態に似た症状を示す。

（アメリカ精神医学会発表の「精神障害の分類と診断の手引き」（DSM-5）を改編）

＊**身代金**　誘拐、拉致監禁などで自由を拘束し人質としている人を解放する代わりに要求する金銭や物品のこと。このような事件は「身代金目的略取等の罪」に問われる。

10

犯行声明を出す劇場型犯罪

警察や世間を翻弄し、自分は主人公になった気分に浸る。

犯行声明を出したグリコ・森永事件

犯行声明とは、テロや殺人、傷害事件などを起こした犯人が、自らの名称（偽名やハンドルネームなど）と犯行を起こした理由などをマスコミなどを通じて公にすることをいいます。

日本では**グリコ・森永事件**で出された犯行声明が、当時としては非常にショッキングで世間の耳目《じもく》を集めました。1984年3月に誘拐された江崎グリコ社長は保護されましたが、4月になると塩酸入りの目薬が同封された脅迫状が江崎宅に届き、その後犯人グループから犯行声明が新聞社に届きます。これが**世間一般への犯人からの挑戦状**でした。

2回目の挑戦状からは「**かい人21面相**＊」を名乗り始めます。また、その犯行声明の内容は、奇妙な謎かけと関西弁を使った言い回しで、さも**世間と警察を翻弄して面白がっているようなムードを感じさせた**ものです。

犯人は主役、警察は脇役、一般人は観客

そして、この事件から「**劇場型犯罪**」という言葉が使われ始めました。つまり、演劇や映画などの娯楽作品を見ているような気分にさせる犯罪のことです。その特徴は配役が決まっていること。**犯人は当然のことながら主役で、警察は脇役、マスコミと一般人は観客**というわけです。犯人は主人公ですから、まさに自分の思惑どおりに脇役も観客も翻弄し、彼らが右往左往する光景を陰で楽しみます。そして自分にス

＊**かい人21面相**　グリコ・森永事件の犯人グループがマスコミに送った犯行声明の差出人名。江戸川乱歩の小説『少年探偵団』に登場する「怪人二十面相」を文字っている。

ポットライトが当たっているかのような気分に浸っているのかもしれません。

劇場型犯罪には、そのほかに**酒鬼薔薇《さかきばら》事件**（▼P243）、**西鉄バスジャック事件***があります。

これらの犯人は、**普段は目立たない性格で、孤独に過ごし、自分のアイデンティティ**（▼P183）**に疑問を感じている**と思われます。だからこそ、世間に自分の存在を知らせておきたいと大きな事件を起こし、関心を独り占めしようとしているのではないでしょうか。**自分に対する自信のなさ、自己認識に対する極端な歪みが原因**と考えられます。

劇場型犯罪とは

演劇や映画などの娯楽作品を見ているような気分にさせる犯罪のことで、配役も犯人の中で決まっています。

配役

自分（犯人）	警察	マスコミ、世間
＝	＝	＝
主人公	脇役	観客

劇場型犯罪はなぜ起こる？

自分のアイデンティティが確認できず、自分の殻に閉じこもる

↓

犯行声明を出す

- 世間に自分のことを知らせておきたい
- 注目を浴びたい

↓

大事件の主役になってスポットライトを浴びた気分になる

＊**西鉄バスジャック事件**　2000年に九州自動車道から山陽自動車道にかけて高速バスが乗っ取られた事件。犯人の17歳の少年は、「酒鬼薔薇聖斗を神のように尊敬していた」と自供した。

11 群集心理が支配する集団リンチ

集団になると、誰かの判断に頼り、同調行動を起こしたくなる。

集団内を独特な価値観が支配する

集団で1人を襲い、暴行の末に殺してしまうといった事件が起こります。どんな凶悪な連中かと思えば、一人ひとりはそれほど悪い人間には見えません。ところが集団になると、普段はしないような行動を取ってしまうことがあります。これが**群集心理**と呼ばれるものです。

周囲の人と同じように行動することで**安心感が得られる**ため、たとえ**その行動が本来の自分の行動規範から外れていても、周りに合わせてしまう**のです（**同調行動**）。災害が起こって食品の品不足の情報が流れれば、人々が買い占めに走りパニックになるという事態も群集心理によって起こると考えられます。

さらに、**集団内では、そこだけに通用する独特な価値観がその場を支配しがち**です。その中で「正しい」とされれば、たとえどんなに社会常識から逸脱していても、皆が同調し、その価値観に従う雰囲気になります（**集団思考***）。

また、フランスの社会学者ル・ボンは、**集団になると、集団全体の知的レベル、判断力の水準が、人間1人のそれよりも格段に低下する**と述べました。つまり、集団になると、「個人」が弱くなり、集団の中の誰かの判断に頼ったり（**責任の拡散**）、自然に同調行動をとりたくなるのです。

同調して過激行動となる集団リンチ

1970年代に起きた**連合赤軍リンチ事件***で

＊**集団思考**　アメリカの心理学者ジャニスは、団結力のある集団が構造的な組織上の欠陥を抱え、刺激の多い状況に置かれたとき、集団思考の兆候が現れるとした。

は、メンバー間で些細な理由から誰かを標的にした**「総括」という名の集団リンチ**が繰り返され、12人もの同志が殺害されました。これは、過激で異常な信念に支配された集団が平常心を失って暴走し、同調して過激な行動をとってしまった典型ともいえるでしょう。

ほかにも、サッカーチームの応援に熱が入りすぎて乱闘騒ぎが発生したり、転校生を集団リンチしたり、仲間の1人を監禁して女性数名で集団暴行を加えたり、路上生活者を若者が寄ってたかって暴行を加えて死に至らしめたりと、集団リンチは繰り返し行われています。

集団思考から最悪のケースに

人は集団になると、多数派の行動や主張にならい、それらと同じような行動や主張を意識的あるいは無意識的にするようになります（同調）。

群集心理　周囲の人と同じように行動（同調行動）することで安心感を得られる。

集団思考
- そこだけに通用する価値観が存在する。
- その価値観に従わなければいけない雰囲気になる。
- 個々の判断力の水準、知的レベルが低下する。

＊**連合赤軍リンチ事件**　リンチとは私刑のこと。連合赤軍とは、1971～1972年にかけて活動した日本のテロ組織（新左翼の1つ）。共産主義者同盟赤軍派と日本共産党神奈川県委員会が合流して結成された。

12 ホワイトカラー犯罪と組織ぐるみの犯罪

信用も地位もあるホワイトカラーが個人で、組織ぐるみで犯す犯罪。

立場を利用し、利益を得ようとする

組織を舞台にした犯罪（職務犯罪）という意味では、2通りあります。1つは組織内の個人の犯罪、もう1つは組織ぐるみの犯罪です。

前者は、**組織内の個人が、その地位や立場を利用して法律を犯し、利益を得ようとする**ものです。この場合は個人的な事情が原因となって起こり、例えば、許認可権を持つ官公庁の役人が、企業や団体から金品（賄賂《わいろ》）を受け取り、その見返りに便宜を図ってやろうとする贈収賄《ぞうしゅうわい》罪や、公文書を偽造する公文書偽造、他人から預かり保管している金品をこっそり自分のものにする業務上横領*、背任*やインサイダー取引なども該当します。

汚職または**ホワイトカラー犯罪**ともいわれ、ある程度の権限を持っていないとできないため、「**エリートの犯罪**」とも呼ばれます。

組織ぐるみの犯罪は罪の意識が希薄

後者の組織ぐるみの犯罪では、組織（会社など）の社会的イメージダウンを恐れ、**内々で隠《いん》蔽《べい》を図って証拠隠滅や口裏合わせをする**ことがしばしばです。そのため、証拠不十分となり不起訴になることもあります。公になったところでは、雪印グループの乳製品食中毒事件や一連の食品偽装表示事件、ライブドア事件などが挙げられます。

雪印集団食中毒事件においては、マスコミから会見の延長を求められた社長が「そんなこと

＊**背任**　公務員や会社員などが、自分の利益のために、地位・役職を利用して役所や会社に損害を与えること。背任罪は刑法に規定され、特別背任罪は会社法で規定されている。

言ったってねぇ。私は寝ていないんだよ」と発言し、糾弾を浴びました。世間を騒がせ、中毒患者を出した食品会社としてはあるまじき態度でした。この一言からも、**「組織が犯した罪であり、自分は悪くない」**という考えが見え隠れしています。こうした思考が罪の意識を軽くしているのだと推測されます。

また、これらの**職務犯罪は、ビジネスパーソンや企業にとっては日常的行為であり、大人の知恵であり、ある意味正常な行為であると認識している**と考えられます。だからこそ罪悪感のない確信犯ともいえます。

職務犯罪に手を染めるとき

企業や役所などで起こる犯罪には、個人の利益のために法を犯すものと、会社の利益のために法を犯すものがあります。たまたま個人を超えた力を手にしたとき、その人のモラルが問われます。

組織内の立場を利用した個人の犯罪

業務上横領、インサイダー取引など

個人の利益を得ようとする。

組織ぐるみで、法に反した行いをする

隠蔽、偽装、詐欺《さぎ》など

証拠隠滅や口裏合わせをする。

「組織が犯したことで、自分は悪くない」と罪の意識が薄い。

＊**インサイダー取引**　金融市場商品の信頼を損なう代表的な不公正取引。会社の未公開情報を特定の立場ゆえに知り得た者が、その情報を知り得ない者とその会社の発行する株式等の証券取引を行うこと。

13 ネットはサイバー犯罪の温床

ネットの匿名性や証拠が残りにくいことなどから犯罪のハードルが下がっている。

サイバー犯罪は過去最多に

サイバー犯罪とは、おもにインターネット上で行われる犯罪の総称で、**ネット犯罪**ともいわれます。インターネットを利用した犯罪は、年々増加の一途をたどっており、2013年中の検挙数は6655件で過去最多となりました。

サイバー犯罪は、大きく3つに分類されます。①コンピュータ、電磁的記録対象犯罪（金融機関などのオンライン端末を不正操作し、無断で他人の口座から自分の口座に預金を移し替えるなど）、②ネットワーク利用犯罪（覚醒剤等の違法な物品を販売、インターネットに接続されたサーバコンピュータにわいせつな映像を置き、多くの人に閲覧させるなど）、③不正アクセス行為の禁止等に関する法律違反（他人のID、パスワードを無断で使用して行うなりすまし行為など）です。

②ネットワーク利用犯罪では、児童買春《かいしゅん》などの児童ポルノ禁止法違反が最も多く、次いで詐《さ》欺《ぎ》となっています。

サイバースペースに犯罪者が付け入る

私たちが今暮らす社会は、まさにネットワーク社会です。情報伝達手段はおもに電子メールや電子掲示板などになっています。この**サイバースペース***(**電脳空間**)は、リアルスペース（現実空間）とは異なり、**①匿名性が高い**、**②証拠が残りにくい**（**無痕跡性**）、**③不特定多数に被害が及ぶ**、**④時間的・場所的制約がない**、といっ

＊**サイバースペース**　cyberspace。cyberneticsとspaceの混成語。コンピュータやネットワーク上で、多数の利用者が自由に情報交換をできる仮想空間のこと。

た特性があり、まさにそこに犯罪者の付け入る隙《すき》があるといえます。そして、サイバー犯罪の増加の原因にもなっているのです。

特に匿名性では、ネット上ではお互いに顔や名前を知ることができないので、犯罪者も利用者も、躊躇《ちゅうちょ》せず簡単に実行に移せてしまうという特徴があります。そのために、犯罪のハードルを低くしているといえるでしょう。

また、被害者は不特定多数に及び、しかも広域に瞬時に広がります。時間的、場所的制約もないので、地球の裏側からでも犯罪が行われ、被害に遭う危険もあるのです。

SNSがサイバー犯罪の温床に

このような犯罪の温床になりがちなのが**SNS（ソーシャル・ネットワーキング・サービス）**です。LINEやFacebook、Twitter、Amebaなどいろいろありますが、それらのSNSでは仲のよい友達とのコミュニケーションが図れるだけでなく、**必要以上にプライバシーを公開してしまう**ことで、ネットいじめの標的になったり、性犯罪者やなりすまし*犯罪者に目をつけられたりと、**さまざまな被害に遭う危険性があります。**

MEMO OF CRIME

殺人依頼や拳銃売買など闇サイトは犯罪の温床

ネットでは似た志向性の者を見つけやすいという特徴もあります。薬物の違法販売や依頼殺人など、犯罪的思考を持つ者同士が闇サイトなどで結びつきやすくなるのです。

2007年に名古屋市内で起きた強盗殺人事件は、闇サイト殺人事件と呼ばれ、注目されました。帰宅途中の女性が拉致《らち》され、殺害されましたが、その犯行グループ４人は、「闇の職業安定所」という犯罪者を募集する闇サイトで知り合った者たちでした。闇サイトは、犯罪などの違法行為の勧誘をおもな目的としています。また、集団自殺者を募るサイトもあります。

＊**なりすまし**　他人のユーザーＩＤやパスワードを盗んで、その人になりすまして、ネットワーク上で活動すること。本来、その人しか見ることができない情報を盗み出し、悪用する場合が多い。

14 ファッション化する薬物使用

若者はファッション感覚で、主婦や中高年はストレス解消で薬物に手を出す。

薬物乱用は主婦、中高年にまで拡大

覚せい剤やコカイン、ヘロイン、モルヒネ、LSD、大麻、危険ドラッグ*などの**薬物は、一時的な多幸感や高揚感を覚える一方で、依存性が高く、習慣化すれば人格崩壊を招く**ことが知られています。

これら薬物の流行は、個人はもとより、社会全体の退廃を招くため、世界的にも厳しく取り締まられてきました。

日本においては、一昔前は暴力団関係者が中心でしたが、**近年は若者たちを中心にファッション感覚で所持する傾向**が進み、芸能人などが薬物所持で逮捕されるというニュースもしばしば報道されています。今や繁華街やクラブ、音楽イベントなどで、一般人でも容易に入手できるようになり、**乱用が低年齢化する一方で、ストレス発散のために主婦や中高年が手を出す傾向**も増えています。

薬物使用に走りやすい人とは

薬物犯罪は、麻薬及び向精神薬取締法、覚醒剤取締法、大麻取締法*などの法律で規制されています。また、薬事法、関税法、麻薬特例法などでも薬物についての規制があります。

中でも覚醒剤は、営利の目的で輸入、輸出、製造した者は、最高で無期懲役に処されることもあります。このように**薬物は使用者より販売者側（売人など）のほうがより罪が重くなります**が、ここでは使用者（被害者）側の心理につい

＊**危険ドラッグ**　脱法ドラッグ、合法ドラッグ、違法ドラッグなどと称されていたものを、2014年7月より、一般公募によって選ばれた「危険ドラッグ」という名称に統一した。

て考えてみます。

他者からどのように見られるかを気にするあまり、悪い誘いをきっぱり断ることができず、「相手の気分を損ねたら困る」「ダサいやつだと思われたくない」などと、つい「1回だけなら大丈夫」と応じてしまいがちです（しかし、1回でも使用すると、脳に影響を与えることになるので、とても危険です）。

薬物の売人も、そういった心の動きは十分にわかっているため、「みんなやっている」「やっていないのはイケてないやつだけ」といった謳い文句を並べ立てるのです。

薬物使用にはまりやすい人

薬物使用に走りやすいのは、内向的で意志が弱いタイプ、また他人への依存・同調傾向が強いタイプと考えられています。

売人
いい薬あるよ
大丈夫、みんなやってるから
やってないのはイケてないヤツだけ
使用者
内向的で意志が弱いタイプ、依存・同調傾向が強いタイプ
相手の気分を損ねたくない
1回だけなら大丈夫よね
ダサいやつだと思われたくない
常用者に
薬をくれ～

＊**覚醒剤取締法、大麻取締法**　大麻取締法では、大麻の使用、栽培、譲渡などが禁止されてはいるが、一般的には所持は禁止されているわけではない。覚醒剤取締法では、一般的な使用も禁止されている。

TOPICS 8

「犯罪の陰に女あり」は過去の話? 今は女性主導の犯罪も

「犯罪の陰に女あり」とはよく耳にする言葉ですが、フランスにも「女を捜せ」(Cherchez la femme.)という言葉があり、女を捜せば犯罪の手がかりが得られるという意味だそうです。日本でも、警察の捜査においてよく言われていたといいます。果たしてこれは本当でしょうか。

女が原因で男が戦う、あるいはおとしめられていくという構図は、古くはエジプトの王女クレオパトラに操られたシーザーとアントニー、情熱的なジプシー女・カルメンに翻弄され破滅していく男たちに見ることができます。カルメンはフィクションですが、古来、男たちは美女に操られたい心理があるのかもしれません。また、女に対して神秘性、魔性を感じているともいえるでしょう。

さて、現在も、犯罪を起こすのは圧倒的に男性が多いとはいえ(P56)、女性の社会進出とともに女性が犯罪に手を染める機会が増えてきたことは否めません。実際、経理担当者が女性で、会社のお金を横領する事件は数々あります。これらの事件は、男のために女が犯罪に手を染める古いタイプです。

近年は女性が主体的に犯罪を行う場合や、男性に指示して殺人を行わせるケースも多くなっています。

第8章

罪を裁くことと矯正・更生の行方

01

犯罪者が裁判で判決を下されるまで

犯罪者は、その社会的責任と被害に対して償いを求められる。

検挙後、裁判までの流れは

犯罪者は、その責任の大きさや犯した罪によって生じた被害に対して償いを求められます。そして、社会に復帰するために、矯正の道を歩む必要があります。ここではまず、**成人の犯罪者は、どのように裁かれ、どのように矯正する道を示されているのか**を見ていきましょう。

一般的に、犯罪が発生すると、まず法執行機関の1つである警察が捜査を行い、その捜査で浮かび上がってきた被疑者を検挙*します。

検挙・逮捕された**被疑者は、原則として48時間以内に検察に送致**されます。検察官は、犯罪が立証できるかを検証し、**起訴**もしくは**不起訴**の判断を下します（▶P206）。起訴された被疑者はこの段階で**被告人**となり、**裁判**が行われます（**公判**）。そして、責任を問われれば**刑事処分**の対象とされます。

公判が始まると、重大犯罪や証拠隠滅、逃亡の恐れがある場合を除いて保釈*が許されます。**刑事裁判**は、検察官、被告人、被告の弁護人が裁判官の前で顔を合わせて、有罪かどうか裁判官に判定を求めます。公判の最後に、検察官による論告求刑と弁護人による最終弁論、被告人の最終陳述が行われ、結審（裁判の審理の終了）されます。そして、裁判官により判決が下され、被告人の罪が決定するのです。判決は、日本では拘留、科料《かりょう》、罰金、禁固、懲役、死刑のいずれかになります。裁判員の参加する刑事裁判については、P208を参照してください。

＊**検挙**　検挙とは、捜査機関が犯人を割り出し被疑者として警察や検察が取り調べることをいい、逮捕とは、原則として逮捕状を持って逮捕し、拘束することをいう。

犯罪者の検挙から裁判までの流れ

検挙・逮捕された被疑者は、検察に送られ、起訴されると刑事裁判で裁かれることになります。その流れを紹介します。

検挙・逮捕

被疑者（容疑者）が警察の捜査の末に検挙・逮捕される。

↓

検察に送致

取り調べを受けた被疑者は、原則として48時間以内に検察に送られる。

※検察庁は、検察官の検察事務と検察行政事務を行う官署。裁判所の本庁・支部に対応して設置されている。

微罪処分

微罪とされ不起訴になり、微罪処分を受けることもある。

↓

起訴・不起訴を決定

検察は犯罪を立証できるかを検討し、起訴か不起訴の決定を下す。

↓

公　判

起訴になると裁判が行われる。被疑者は被告人として出廷する。

↓

結　審

公判の最後に検察官による論告求刑と弁護人による最終弁論、被告人の最終陳述が行われ、裁判の審理が終了する。

→ **判決**

裁判官により判決が下される。

＊**保釈**　起訴後は、拘留《こうりゅう》されている被告人、またはその弁護人、代理人、家族などが保釈の請求ができる。請求があれば裁判所が決定を下す。保釈は保証金（保釈金）の納付を条件とする。

02

起訴か不起訴かを決める

検察官には広い裁量権が与えられ、被疑者を不起訴処分にすることも多い。

起訴便宜主義によって判断

被疑者が検察官に送致《そうち》されると、検察官は、警察が捜査段階で収集したさまざまな証拠（実況見分＊も含む）や、被疑者や参考人の調書などから起訴するかどうかを判断します。

刑事処分は、一般的には裁判所で確定すると考えられますが、日本では**起訴便宜《きそべんぎ》主義**が採られていて、実際に起訴されるのは**事件全体の約3分の1**といわれています。

起訴便宜主義とは、**検察官が被疑者の性格や年齢、置かれた環境、示談《じだん》の有無、監督者の有無や犯行後の状況などを総合的に判断するという原則**のことです。つまり、検察官には広い裁量権が与えられているということになります。

公判を行わない簡略化した手続きを**略式**といいます。検察官が**地方裁判所**または**簡易裁判所**にこの手続きを行うことを**略式起訴**といい、この手続きによって公判前に裁判所から出される命令を**略式命令**といいます。略式手続《てつづき》にできる要件は、罰金以下の刑に当たる事件であること、略式手続によることについて被疑者に異議がないことがおもなものとされています。

検察官は**不起訴処分**を選ぶこともあります。例えば、被疑者に犯罪の嫌疑がないとした場合や、証拠不十分である場合などです。また、証拠が十分でも、**犯人の性格や年齢、境遇などを鑑《かんが》みて不起訴（起訴猶予＊）にすることもあります。**日本では、この起訴猶予が不起訴の9割以上を占めています。

＊**実況見分**　犯罪や事故が起きた場所に犯人や被害者、目撃者などを同行させ、犯行時などの状況を明らかにするために、捜査機関が任意処分として行う検証のこと。

検察官が下す起訴と不起訴

検察官は、送致されてきた被疑者を起訴か不起訴にするかを検討します。検察官には広い裁量権が与えられています。

起訴　裁判所の審判を求める必要ありと判断

↓

公判へ

被疑者は被告人になる。

不起訴　裁判所の審判を求める必要がないと判断

嫌疑なし

被疑者の犯罪の疑いが晴れる。

嫌疑不十分

被疑者の犯罪の疑いは晴れないが、有罪を証明することも困難。

起訴猶予

有罪の証明が可能だが、被疑者がそれを認め、反省し、被害者と示談が成立している場合など。

＊**起訴猶予**　被疑者が犯罪を認めて十分反省し、被害者との示談も成立しているときに下される場合が多い。起訴猶予の場合は前科ではなく前歴として記録に残る。

03 一般の人が参加する裁判員裁判

裁判員制度は、さまざまな問題を抱えつつ、肯定的に受け止められている。

裁判員の選出と、裁判での役割

裁判員制度*は、2009年より刑事裁判（公判）に導入されるようになり、犯罪心理学においても重要な研究分野となっています。

裁判員の選び方は以下のようになります。地方裁判所ごとに、管内の市区町村の選挙管理委員会がくじで選んで作成した名簿に基づいて、翌年の裁判員候補者名簿を作成します。その裁判員候補者名簿に登録されたことを当人に通知し、調査票を送付。辞退事由が認められた人以外が候補者名簿の中からくじで選ばれ、さらに質問票および面接によって最終的に事件ごとに6人の裁判員が選任されます。

裁判員に選ばれたら、裁判官と一緒に刑事事件の公判に立ち会い、判決まで関与することになります。公判では、裁判員も証拠書類を調べたり、証人や被告人に質問したりします。そして、裁判官と評議をして、罪を確定します。意見の全員一致が得られないときは、多数決によって評決されます。裁判員の役割は、判決の宣告によって終了します。

専門家と一般人の視点の違い

法律や裁判にまったく無関係で無知識の一般の人にとって、裁判員として裁判に参加するだけでも重圧を感じることでしょう。ましてや被告人の有罪無罪を決定し、さらに有罪の場合は刑期まで決めることとは、**被告人の今後の人生や被害者家族の今後を左右することにもなり、**重

↘に先立って、裁判手続、裁判員の権限や義務などについて、裁判から説明される。裁判員に選ばれたら、余程の事情がないかぎり、必ず裁判に出席しなければならない。

い精神的プレッシャーがかかってきます。

裁判員制度は、1つには司法の専門家の視点だけでなく、一般の人による判断基準を取り入れることも重要だとして設けられました。その一方で、一般人の特徴はまさに「**しろうと理論**」（▶P28）であり、**感情を重視する傾向**にあります。専門家と一般人との、その視点の違いが問題視されているのは事実です。

また、**被告人の自白や証人の証言などの信憑性を裁判員が正確に判断できるかも難しい問題**です。そこで、法律知識のない一般の人々でも理解しやすいように論点を整理し、短期間で審理ができるようにしました。しかし、検事や弁護士が映像を使ったり、高度な技術で共感を得ようとする手法に、裁判員が影響を受けやすいとの指摘もあります。

さらに、集団で合議して評決を出すときは、**同調や服従の過程**も問題になります。個々の意見が集約されていく過程での**極端化現象**や、**多数に流される手抜き現象**などもあるでしょう。

とはいえ、今のところ裁判員制度はおおむね肯定的に受け止められているようです。多くの裁判員体験者も、司法制度や加害者・被害者の実情を知ることができたと評価しています。

MEMO OF CRIME

裁判員制度の対象となる事件

裁判員制度は刑事事件が対象です。おもな対象となる事件には以下のものがあります。

- 殺人
- 強盗が人にけがをさせたり死亡させた場合（強盗致死傷）
- 人にけがをさせ、死亡させた場合（傷害致死）
- 泥酔状態で自動車を運転して事故を起こし、人を死亡させてしまった場合（危険運転致死）
- 人の住む家に放火した場合（現住建造物等放火）
- 身代金目的で人を誘拐した場合（身代金目的誘拐）
- 子どもに食事を与えず放置し、死亡させた場合（保護責任者遺棄致死）
- 利益を得る目的で覚醒剤を密輸入した場合（覚醒剤取締法違反）

など

＊**裁判員制度**　裁判員制度が導入される前の刑事裁判は、裁判官３人が評議のうえで判決を下していたが、裁判員制度では裁判員６人と裁判官３人が評議することになった。裁判員に選ばれた人は、実際の審理↗

04

刑務所の役割とは

刑務所は犯罪者を社会から隔離するだけでなく、矯正させることが本来の目的。

自由を奪われる禁固、懲役刑

刑事裁判（公判）で下される判決には、科《か》料《りょう》、拘《こう》留《りゅう》、罰金、禁固、懲役、死刑があります。**科料**は1000円以上1万円未満の強制的徴収、**罰金**は1万円以上の支払いが科せられます。**拘留**は執行猶予なしの実刑で、1日以上最長29日間、刑事施設に収容されます。これは軽犯罪の場合の最高刑に当たります。

禁固と懲役は両者ともに刑務所に入ります。**禁固**の場合は刑務作業*の義務はありませんが、本人が希望すれば働くこともできます（有期禁固の場合は原則として1か月以上20年以下）。**懲役**は刑務作業に服する義務があります（有期懲役は原則として1か月以上20年以下、ただし併合罪などにより最長30年まで加重できる）。ちなみに拘留、禁固、懲役をまとめて**自由刑**といいます。

隔離するより矯正に重点を置く

刑務所は、**禁固や懲役を執行された者を収容する場所**です。その役割は、犯罪者から自由を奪って社会から隔離し、一般社会人の安全を守るという側面ももちろんあります。しかし、現在はむしろ罪の償いをする場所であり、**出所後に再犯を起こさせないように教育し、成長させるという矯正教育に重点**が置かれています。

とはいえ、刑務所は犯罪者が集まる場所でもありますから、そこが犯罪者同士の情報交換や手口の学習場所になることは避けなければなり

＊**刑務作業**　生産作業、社会貢献作業、職業訓練、自営作業の４つに分けられる。作業の約８割が民間からの委託。得られる収入は国庫に入り、受刑者には報奨金が支払われる。

ません。そこで、**犯罪の程度や本人の資質・能力や環境に応じて犯罪者を分類して収容する「分類処遇」**が行われています。

また、受刑者の円滑な社会復帰を図るため、規律正しい生活習慣の体得、健康な心身の育成、知識を身につけることなどの一般改善指導とともに、最近では、犯罪内容によって特別なプログラムに参加する**矯正プログラム**も実施されています（性犯罪処遇プログラムなど）。

仮釈放で社会復帰を促進させたい

矯正に関していえば、**刑期が満了する前に条件付きで社会復帰させる制度**もあります。これが**仮釈放**です。有期刑は刑期の3分の1、無期刑は10年を経過した後に、刑務所内での品行が良好であれば、行政官庁の処分により仮釈放ができることになっています。

仮釈放が認められるには、身元引受人がいる、受刑態度が良好、被害者が仮釈放に同意している、事件に対して十分反省している、再犯の恐れが少ない、本人が仮釈放を望んでいるなどの条件が必要です。仮釈放された者は、**その期間中は保護観察***に付され、条件に違反した場合は再び施設に収容される**ことになります。

MEMO OF CRIME

執行猶予付き判決は更生の機会を設けるため

「懲役２年、執行猶予３年」という判決が下された場合、３年間は懲役刑の執行が猶予され、その間に再び犯罪を行うことなく過ごすことができれば、懲役２年は受ける必要はなくなります。しかし、猶予期間中に他の犯罪を行って裁判で有罪になれば、原則として執行猶予は取り消され、最初に言い渡された懲役に加えて、次に犯した犯罪の刑期も加算されます。

執行猶予は、懲役刑を科す際に、社会内での更生の機会を与えるというものですが、執行猶予がついても有罪であり、前科となることは変わりありません。

＊**保護観察**　執行猶予や仮釈放になった者、保護処分になった少年などを保護監察官の指導の下、民間ボランティアである保護司などに観察・補導させ、社会の中で改善・更生させていく制度。

05 少年非行はどのように扱われる？

未成年者の非行（犯罪）は、家庭裁判所、児童相談所でおもに扱われる。

少年非行は少年法で審理される

未成年者（満19歳以下）の犯罪は、少年非行と呼ばれます（▶P142）。そして、満19歳以下の**犯罪少年**（14歳以上、満19歳以下の刑罰法令違反者）は、成人とは区別され、検察庁に送られるものの、そこで審理することなく**家庭裁判所***に送致され、**少年法**（▶P216）**によって審理されます**。

そして、少年事件として対応するのが適切ではないと判断された事件の場合は、家庭裁判所から再び検察に送致され（**逆送***）、成人と同様の裁判が行われます。

家庭裁判所では、警察から送られてきた調書を受け取り、家庭裁判所調査官が当事者である少年と面談し、犯罪事実とその動機を聞き取ります。また、少年の生育歴や家庭環境なども調べたうえで、犯罪行為の原因は何か、更生のためにはどんな処置が必要かなどを考察して、意見書として裁判官に提出します。そして、この調書に基づいて、家庭裁判所で処分内容を決定するのです。

家庭裁判所で下される処分

その処分内容は、**審判不開始**、**不処分**、**保護処分**の3つに分けられます。事件全体の3割が保護処分で、残り7割が審判不開始と不処分となっています。

審理不開始とは、調査のみを行って手続きを終えることで、少年事件のほとんどが審理不開

＊**家庭裁判所**　家庭に関する事件の審判・調停、少年の保護事件の審判などを行う裁判所。略して家裁。家裁の裁判は原則として非公開。

犯罪少年の処遇の流れ

満19歳以下の犯罪少年は、成人とは区別され、少年法に基づいて家庭裁判所に送致され、処分が決定されます。重大事件の場合には検察に逆送されます。

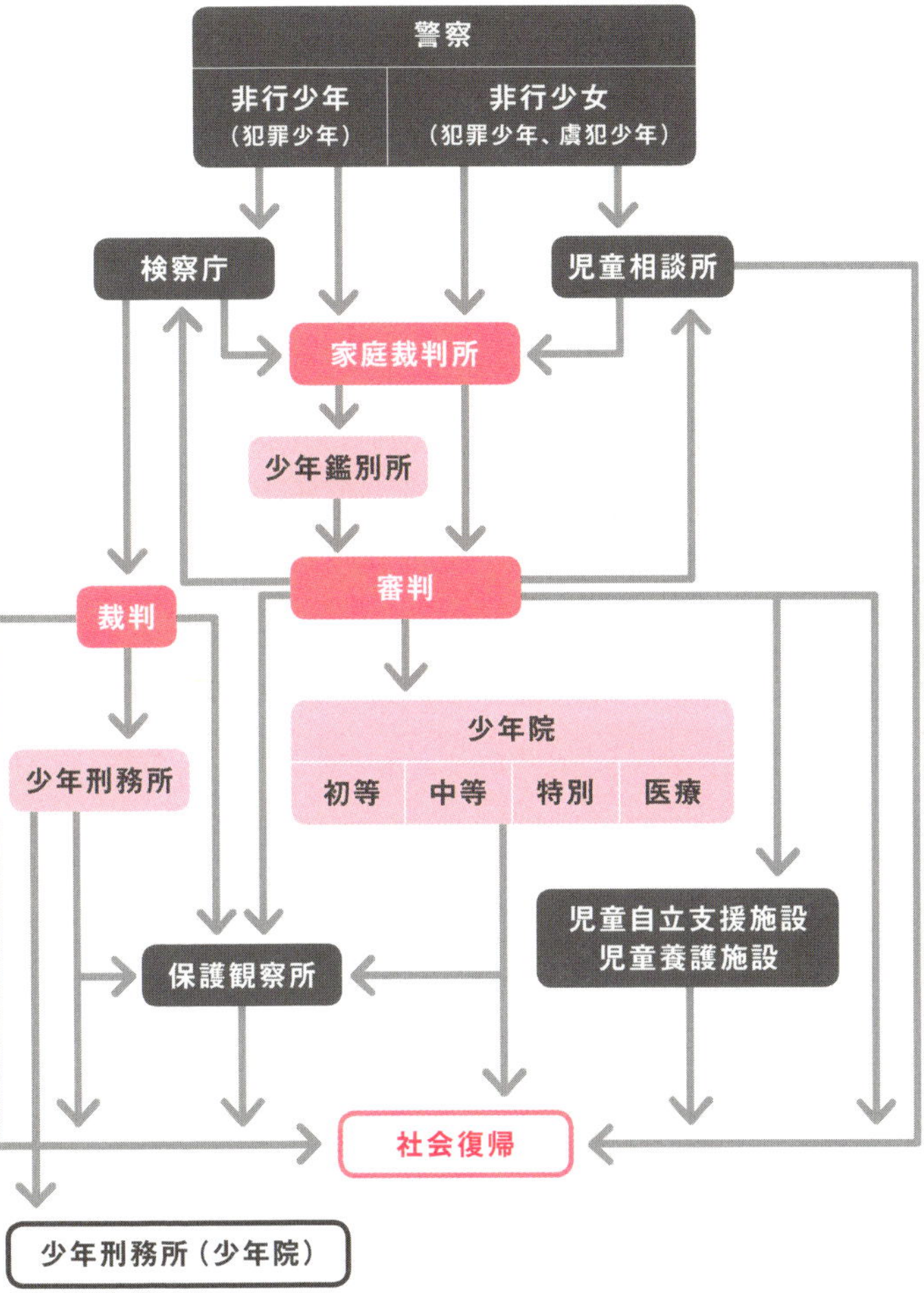

＊**逆送**　家庭裁判所に送致された少年事件を再び検察官に戻すこと。重大犯罪の場合に行われる。特に、16歳以上の少年が故意に被害者を死亡させた事件の場合は、原則として逆送しなければならない。

始に当たります。

不処分は、審判は開始しても保護処分には該当しない、またはその必要がないと認めるときに選択されます。これは、刑事事件の無罪に相当します。

保護処分とは、刑罰ではなく、国が親の代わりを果たし、少年の性格の矯正や環境の調整などをして健全な育成を図ろうとする制度で、保護処分はさらに、**保護観察**、**少年院送致**、**児童自立支援施設・児童養護施設送致**（18歳未満の少年に限る）に分かれます。

また、保護処分を決定するため必要があると認めるときは、相当の期間、少年を家庭裁判所調査官に直接観察させる試験観察に付することができます。

保護観察とは、在宅のままで多くの場合、保護司を通じて進路相談や生活指導などを受ける方法です。

少年院送致は、再非行を犯す恐れが強く、社会内での更生が難しい場合に選ばれる手段で、少年院に収容して矯正教育を受けさせます。これはおおむね12歳以上の少年に限ります。

触法少年、虞犯少年の扱いは？

さて、14歳未満の場合の犯罪（**触法《しょくほう》少年**▶P143、175）は、**刑事責任能力がないとされ、児童福祉法に基づいた措置が施されます**。触法少年は都道府県の**児童相談所***または福祉事務所に通告され、家庭裁判所は、知事または児童相談所長から送致を受けたときに限り、少年の審判を行います。

また、多くは、少年院ではなく、**児童自立支援施設***に入所させて、生活指導や自立支援を行うことになります。14歳未満の**虞犯《ぐはん》少年**についても同様の扱いとなります。

一方、14歳以上の虞犯少年を発見した場合は家庭裁判所に通告しなければなりません。14歳以上18歳未満の虞犯少年で、家庭裁判所に送

＊**児童相談所**　児童福祉法に基づき設けられた児童福祉の専門機関。0～17歳の者が対象に、養護相談、保健相談、心身障害相談、非行相談、育成相談を行っている。

致・通告するよりも児童福祉法による措置が適当と判断された場合は、直接児童相談所に通告することができます。

虞犯少年とは、**「性格または環境に照らして、将来、罪を犯し、または刑罰法令に触れる行為をする恐れのある少年」**のことで、虞犯要件としては、①保護者の正当な監督に服しない性癖がある、②正当な理由がなく家庭に寄りつかない、③犯罪性のある人、もしくは不道徳な人と交際し、またはいかがわしい場所に出入りする、④自己または他人の特性を害する行為をする性癖がある、が挙げられています。

触法少年・虞犯少年の処遇の流れ

14歳未満の少年の犯罪（触法少年）と虞犯少年は、刑事責任能力がないとされ、児童福祉法に基づいた措置が施されます。

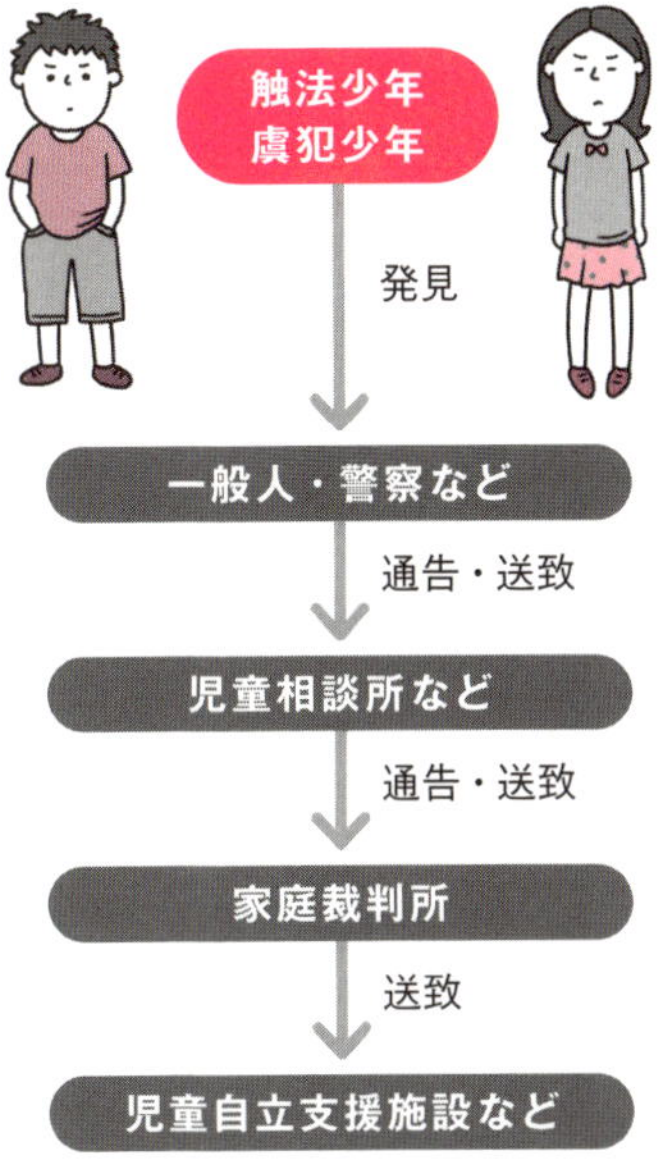

＊**児童自立支援施設**　感化院、少年教護院、教護院を経て、現在の名称に。厚生労働省の管轄で、非行少年、生活指導が必要な児童などを入所させるなどして必要な指導、自立支援などを行う施設。

06 少年法改正で何が変わった？

少年犯罪の複雑化・凶悪化で少年法「厳罰化」の声が高まったが……。

少年を立ち直らせるための保護主義

前項を読むとわかるように、**少年非行**の場合の司法制度*は、成人のそれと比べてもかなり複雑で、難しいと感じられるのではないでしょうか。そう感じさせる大きな理由が**少年法**の存在といえるでしょう。

少年法とは、非行をした未成年者（法律には女性も含めて「少年」となっている）について、家庭裁判所がどんな手続きでどんな処分をするかを決めた法律のこと。非行には、犯罪に限らず、犯罪を行う恐れのある場合も含まれます。

そして、少年法には、**「少年の健全な育成を目指す」という理念**が込められています。この理念を**保護主義***と呼びます。つまり、事件の状況や子どもの発達状態に合わせて扱いを変え、子どもを罰するよりも、子どもが反省して立ち直るための工夫をしなければならない、ということです。だからこそ、特別な司法手続きが必要となってくるのです。

少年法改正で「厳罰化」

しかし、少年犯罪が複雑化・凶悪化し、大きく報道されるごとに少年法の不備が指摘され、成人並みの刑罰を与えて責任を持たせることが必要であり、見直すべきだという世論が高まっていきます。1つには、改正前の法律では、**保護主義は、加害者の人権は尊重しても、被害者の人権は考慮していない**という批判が強まりました。また、**「厳罰化」の要望**も強まっていきま

＊**司法制度**　国の権力は、法律で定める「立法権」、法律に沿って政治を進める「行政権」、法律違反を罰するなどする「司法権」に分かれる。これを三権分立という。

した。

この流れの中、**2000年に改正少年法が成立**しました。その改正の最も大きなポイントとなったのが、①**検察官への送致（逆送）**▶P212をそれまでの16歳以上から14歳以上に引き下げる、です。また、②16歳以上の少年が故意の犯罪で被害者を死亡させた場合は、原則として逆送する、③故意による犯罪で被害者を死亡させた場合など、重大事件で必要と認められる場合、審判に検察官を出席させることができ、検察官は事実認定につき、意見を述べることができる、④少年鑑別所の最長収容期間を現行の4週間から8週間に延長する、⑤審判の結果を遺族や被害者に知らせる、などもあります。

さらに少年法は2007年、2008年にも改正され、2014年には18歳未満の少年に対し、無期懲役に代わって言い渡せる有期懲役の上限を15年から20年に引き上げるなど、罰則強化の方向性が明確に打ち出されました。

とはいえ、少年法が「厳罰化」されたからといって犯罪は減るとは思えないという意見もあります。犯罪に走る子どもたちに必要なのは、彼らの悩みに耳を傾け、寄り添ってくれる人ではないかという声にもうなずけます。

MEMO OF CRIME

少年鑑別所、少年院、少年刑務所の違い

犯罪少年は、裁判所から観護措置命令が出されると、逮捕されて審判を行うまで、少年鑑別所に入所します。ここでは少年が非行に走ることになった原因や動機、今後の更生についてなどを「資質鑑別」することになります。

家庭裁判所で保護処分と決定された少年が移送されるのが少年院です。少年を健全な社会生活に適応させるための矯正教育が行われます。非行の重さや年齢によって初等、中等、特別と分けられ、心身障害、知的障害が見られる場合は医療少年院に移送されます。検察官送致となり刑事処分となった少年は、少年刑務所に送られます。

＊**保護主義**　1900年ごろにアメリカから始まり、世界各国へ広がっていった。日本では大正時代からある程度取り入れられ、第二次世界大戦後に少年法、家庭裁判所、少年院がつくられて本格的に実行され始めた。

07

非行少年の心理を分析する

非行少年の矯正・更生は、まず少年の心理状態を知ることから始まる。

非行少年の心理の把握が大切

非行少年が犯罪を起こすに至るには、何らかの理由が考えられます。例えば、家庭環境が劣悪だったり、親の愛情を受けて育ってこなかったり、学校でのいじめの問題であったりと、実にさまざまな問題を少年それぞれが抱えているのです。こうした背景から、深く傷つき、自信を失い、生きる希望をなくして犯罪に走る子どもたちに必要なのは、**「厳罰」ではなく、周囲のサポート**であると前項でも述べました。

そして、矯正・更生のサポートをしていくためには、まず**非行少年の心理状態を的確に把握していく必要**があります。これが**心理アセスメント***です。

心理アセスメントの方法

心理アセスメントの方法には、**観察法**、**面接法**、**心理検査（心理テスト）**、**調査法**があります。その中で基本となるのが**面接法**です。非行少年と実際に会って話をし、今の率直な気持ちや非行時の気持ち、家族のこと、友人のことなどを聴いていき、少年の心理状態を把握するよう努めます。面接法には、フレーム（枠組み）を設けないで行う自由面接や、相談室で時間などを決めて行う直接面接などがあります。

観察法には、人間の行動をあるがままに観察する自然観察法や行動観察法などがあり、その少年が職員にどのような態度をとり、集団生活の中ではどのように行動しているかなどを観察

＊**心理アセスメント**　アセスメントとは「ある事象を客観的に評価すること」。心理アセスメントは、対象となる人がどういう心理状態かの情報を得るための検査や査定のこと。

していきます。

心理テストでは、知能・人格等の資質について、田中ビネー式知能検査やウェクスラー式知能検査（いずれも個別式知能検査）、**質問紙法**（5因子性格検査、法務省式人格検査など）、**投影法**などを利用して調べます。

投影法は、絵を描かせたり、絵を解釈させたり、文章を書かせたりする作業から性格特徴を読み取るもので、ロールシャッハテスト（インクのシミを垂らした左右対称の図形を示す）、HTPテスト（家と樹木と人物描写検査）などがあります。

心理アセスメントのためのおもなツール

心理アセスメントの方法には、観察法、面接法、心理検査（心理テスト）、調査法があります。その中で基本となるのが面接法です。

観察法

- **自然観察法**
- **行動観察法**
- **条件観察**　など

面接法

- **自由面接**
- **直接面接**
- **生活場面面接**　など

心理テスト

- **知能検査**
  田中・ビネー式検査や
  ウェクスラー式知能検査など
- **質問紙法**
  5因子性格検査、法務省式人格検査など
- **投影法**
  SCT（文章完成法）、ロールシャッハテスト、
  HTPテスト、家族画、箱庭など

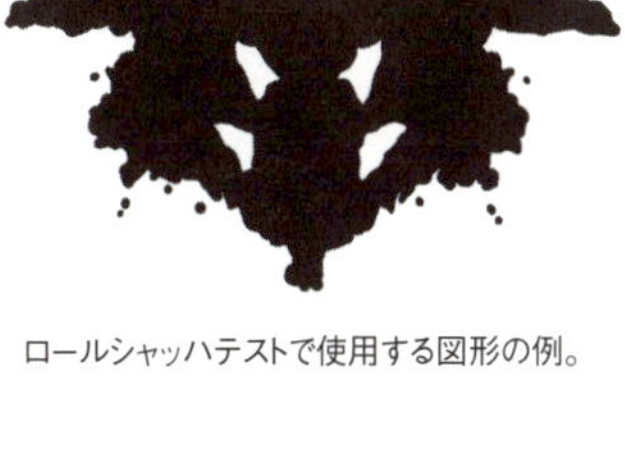

ロールシャッハテストで使用する図形の例。

08 精神疾患者は有罪？無罪？

精神疾患者は、犯行時に責任能力があるかないかを問われる。

心神喪失者と心身耗弱者

２００１年に起きた**大阪教育大学附属池田小・児童殺傷事件**（▶P81）の犯人である男は、精神病での入院歴や通院歴があったことが報じられ、実際に公判中、**精神鑑定**（▶P222）が行われました。日本の法律では、「**心神喪失*者の行為はこれを罰しない。心神耗弱《こうじゃく》*の行為はその刑を減軽する**」と定められています（刑法39条）。これに従って、**刑事責任能力***は、①責任無能力（心神喪失）＝無罪、②部分責任能力（心神耗弱）＝有罪だが減刑、③完全責任能力＝有罪、と区別されます。この「責任なければ刑罰なし」という考え方は、**責任主義**と呼ばれます。

その責任能力があるかどうかを調べるべく、精神障害が疑われる加害者には起訴前あるいは公判中に精神鑑定を行うことがあります。

不起訴の精神障害者の処遇は

精神病者はすべて責任能力がなく、罪に問われないのでしょうか。例えば、１９８４年の最高裁判所が出した決定（最決）には、「被告人が犯行当時、**統合失調症**（▶P227）に罹患していたからといって、そのことだけで直ちに被告人が心神喪失の状態にあったとされるものではなく、その責任能力の有無・程度は、被告人の犯行当時の病状、犯行前の生活状態、犯行の動機・態様等を総合して判定すべきである」とありました。前述の大阪教育大学附属池田小の事件の犯人の場合も、精神鑑定で**パーソナリティ**

＊**心神喪失、心神耗弱**　心神喪失は、精神障害などのために善悪を判断して行動することがまったくできない状態。心神耗弱は、同じ判断能力が著しく低下している状態。

障害（▶P79、226）が認められるとされましたが、責任能力を減免するような精神障害はないとされました。

一方、心神喪失で無罪となっても社会に放置するのではなく、措置入院になります。2005年からは**心神喪失者等医療観察法**が施行され、不起訴となった精神障害者を独自の治療施設に入院させ、**入院治療および社会復帰のためのサポートを施す**ことになりました。しかし、再犯の可能性なしと判断されるまで入院が続くため、入院が長期化し、社会復帰がなかなか進まないという危惧も指摘されています。

責任能力の有無で罪はどうなる？

刑法では、「心神喪失者の行為は罰しない」および「心神耗弱者の行為は、その刑を減軽する」とあります。

1 責任無能力（心神喪失） → **無罪**

2 部分責任能力（心神耗弱） → **有罪だが減刑**

3 完全責任能力 → **有罪**

＊**刑事責任能力**　刑事責任とは、犯罪を行ったために刑罰を受けなければならない法律上の責任。この刑事責任能力が十分ではないとして、犯した罪に対する刑が減軽されることを限定責任能力という。

09 精神鑑定はいつ行われる？

起訴前に行う簡易鑑定と、公判後に行う本鑑定がある。

精神鑑定のタイミング

加害者が犯行時に**心神喪失**や**心神耗弱**《こうじゃく》の状態（▶P220）であったかどうかは、裁判官には判断できません。これを行うのは、**精神医学の専門である鑑定人**です。鑑定人の選任は、裁判官の権限に委ねられていますが、時には弁護人が鑑定人を推薦することもあります。

精神鑑定には、起訴されて裁判になる前に検察官から依頼される**簡易鑑定**（**起訴前鑑定**）と、裁判中に裁判官によって依頼される**本鑑定**（**公判鑑定**）があります。

簡易鑑定は、検察官が精神科医に依頼して行われ、通常は一度の診察（半日～1日）で済ませられます。ただし、一度で済まないような複雑な状況の場合は、**鑑定留置***という措置が採られることもあります（**起訴前本鑑定**）。そして、この段階で精神障害と判断されれば、起訴されずに**措置入院***となります。

一方、本鑑定は、起訴された後の被告人に対して、裁判官が精神鑑定が必要だと判断した場合に行われます。最近では、起訴後、公判前の整理手続きの中でこれが行われることも多くなりました（**公判前鑑定**）。

精神鑑定は鑑定人の力量が問われる

精神鑑定では次のような難しさも挙げられています。①**加害者に詐病**《さびょう》**の可能性がある**（例えば大阪教育大学附属池田小・児童殺傷事件では、宅間容疑者は逮捕直後に精神障害者を装って

＊**鑑定留置**　期間を定めて病院などの施設で身柄を拘束（留置）する。鑑定留置が決定すると、その期間は勾留《こうりゅう》の執行が停止されたと見なされ、勾留期間には含まれない。

いた▶P81）、②現在の状態ではなく、過去の犯行時の状態を推測しなければならない、③典型的ではない珍しい症例の場合、などです。

精神鑑定の多くは簡易鑑定ですが、重大事件や症状が典型例に見られない場合などは長期間にわたることになります。もちろん、精神鑑定は科学に基づいたものではありますが、**1人の加害者に対して、それぞれ診断名の異なる鑑定がなされる**こともあります。宮崎勤事件（▶P243）の宮崎勤の精神鑑定では、精神分裂病、人格障害、解離性同一性障害という鑑定書が提出されました。

精神鑑定の依頼形態

精神鑑定の依頼は、起訴する前か、起訴された後かによって、依頼者も変わります。

起訴前

検察官が依頼 ………… **簡易鑑定（起訴前鑑定）**

- 通常は一度の診察で済ませられる。
- 一度で済まない場合

↓

鑑定留置 ………… **起訴前本鑑定**

裁判中

裁判官が依頼 ………… **本鑑定（公判鑑定）**

- 起訴後、公判前の整理手続き中に行われることもある。 ……… **公判前鑑定**

＊**措置入院**　精神保健福祉法に定められた精神障害者の入院形態の１つ。強制的入院であり、原則は公費入院。緊急性があり、手続きが簡略化されるときは緊急措置入院という。

10 精神障害者の犯罪と人権

精神障害者が起こした犯罪をうやむやにしてしまう制度が問題。

精神障害者の犯罪に対する偏見

精神科の治療歴のある人が犯罪を起こした場合、マスコミは、「精神症状による影響のために事件を起こしたのでは」と報道しがちです。そうした報道も影響してか、世間は、「やはり精神障害者は野放しにできない」などといった**偏見**を刷り込まれてしまっているのではないでしょうか。

しかし、実際のデータを見てみると、次のようなことがわかります。精神障害者等（精神障害者および精神障害の疑いのある者）による一般刑法犯*の検挙人員は３４６０人。これは一般刑法犯総検挙人員28万７３８６人の1.2％にすぎません。犯罪者全体から見れば、精神障害者が犯す犯罪はごくわずかなのです（２０１２年犯罪白書より）。

ただし、罪名別に見ると、放火は20・1％、殺人は16・2％と高くなっていることから、精神障害者は危険であると主張する人もいます。しかし、放火や殺人を犯した精神障害者は、その犯行当時は治療を受けていなかったり、治療を中断していた場合が多く、**もし適切な治療を受けていれば、かなりの数の犯行を避けられたとする見方もあります。**

精神障害者にも裁判を受ける権利

犯罪を行った者に**責任能力**があるかどうかは、**精神鑑定**などで判断されますが（▶P222）、実際に、**精神障害者が犯した事件の約９割が不**

＊**一般刑法犯**　刑法犯全体から自動車運転過失致死傷罪、業務上過失致死傷罪、重過失致死傷罪などを除いたもの。道路交通法違反、覚醒剤取締法違反などは特別法犯に含まれる。

起訴処分（▶P206）となっています（健常者の場合の不起訴率は約4割）。つまり、ほとんどが正式に裁判にかけられることがないのが現状です。不起訴処分にされた多くの精神障害者は、各都道府県知事によって**措置入院**（▶P223）させられることになります。この一連の流れは一般には公表されません。このような**不透明な処理が一般市民を不安にさせ、理解しにくくしている原因**にもなっていると考えられます。

日本国憲法*では、**国民に裁判を受ける権利を保障**しており（37条）、当然のことながら**それは精神障害者にも認められる**ものです。

すなわち、精神障害者が逮捕されたとき、まずはその罪を裁判所で審理し、そのうえで責任能力があったか否かを争うべきという意見があります。その結果、責任能力がないとされて無罪の判決を受け、措置入院となったとしてもです。実際、精神障害者の側からも、正式な裁判を受ける権利を認めてほしいという声が上がっています。

現状の問題点で最も声高《こわだか》に指摘されているのは、精神障害の定義の難しさであり、精神障害者の犯罪がうやむやのうちに処理されているということでしょう。

MEMO OF CRIME

精神医療が抱える医師と看護師の不足問題

裁判によって責任能力がないとされ、無罪判決を受けるなどした精神障害者の措置入院については、さまざまな問題を抱えています。「早く退院させすぎる」「民間病院では引き受けられない」など、世間からも、引き受ける病院側からも意見が出されています。

しかし、措置入院する障害者も、それ以外の精神障害者と同様、病気の治療と症状の改善を図ることでは目的は同じです。むしろ、日本における精神医療の人手不足こそ問われるべき問題でしょう。精神病院の医師の数も看護師の数も、一般病院に比べて格段に少ないのが現状なのです。

＊**日本国憲法**　1947年5月3日（現・憲法記念日）に施行された。「国民主権」（第１条）「基本的人権の尊重」（第11条）「平和主義」（第９条）は、日本国憲法の３大要素。

11

心の病は犯罪につながるのか

精神疾患者は、その疾患ゆえに、さまざまな葛藤を抱えている。

パーソナリティ障害者の犯罪

精神障害者の犯罪は、健常者の犯罪に比べると格段に少ないのは事実ですが、**ある一部の精神疾患が犯罪につながる危険性を抱えている**ことも認めざるを得ません。

特に、凶悪犯罪といわれる犯行は、精神疾患を有する者によって引き起こされることがあります。

パーソナリティ障害（▶P79、220）は、その人が属する文化から期待されるものから著しく偏り、柔軟性に乏しい状態で、青年期または成人期早期に始まります。そして、長期にわたって苦痛または障害を心および行動に引き起こします。本人も悩んでいますが、社会をも悩ませます。他人に迷惑をかける行為を頻繁に起こしたり、通常では理解に苦しむ異常な犯罪行為をする例もあります。

2008年に茨城県土浦市荒川沖駅近辺で起きた**土浦連続殺傷事件***の犯人は、精神鑑定で**自己愛性パーソナリティ障害**（誇大性や賞賛されたいという欲求、共感の欠如を示す）と診断されました。彼は、携帯電話のメールに「オレが神だ」「オレも自分も終わりにしたい」と残していました。

境界性パーソナリティ障害は、対人関係、自己像および感情の不安定と、著しい衝動性を示すもので、自分にも他人にも殺傷行為を引き起こしやすいといわれています。その偏執的な妄想や執着心から、ストーカー殺人（▶P98）の

＊**土浦連続殺傷事件**　2008年３月に土浦市内で男性が刺され死亡。容疑者が指名手配されたが、４日後、男は荒川駅付近で通行人と警察官８人を刺し、現行犯逮捕された。

犯罪例もあります。

しかし、パーソナリティ障害は精神病ではありません。犯罪を犯せば責任能力を問われ、罪を償うことになります。

統合失調症と解離性同一性障害

統合失調症は、「精神分裂病」といわれていた時代もあるように、進行すると人格がまったく違う人間になることもあります。幻覚や幻聴、思考の障害、強い興奮や衝動性などが犯罪行為につながることがあります。殺人や放火などの重大な犯罪を起こすことが多く、被害者の約8割は近親者といわれています。

解離性同一性障害（多重人格障害）は複数の人格が繰り返し出現する障害で、本来の自分が知らないところで別の人格が行動をコントロールします。この場合の精神鑑定は非常に難しくなります。すなわち、犯行を起こしたのは本来の人か、別の人格のときかという問題もあり、本当の多重人格か詐病《さびょう》かの鑑定問題もあります。1977年、アメリカのオハイオ州で起きた連続強姦・強盗事件で逮捕された**ビリー・ミリガン***は、解離性同一性障害を患っていると主張し、最終的には無罪となりました。

MEMO OF CRIME　発達障害者の犯罪は彼らを取り巻く社会に問題

発達障害とは、比較的低年齢時から、知能、行動、コミュニケーション、社会適応などで問題が現れるもので、精神遅滞、自閉症、アスペルガー症候群、注意欠如・多動性障害などを含みます。これらは生まれつき脳の一部に機能障害があるといわれています。

2004年に起きた佐世保市小6女児同級生殺害事件では、犯人の小6女児の鑑定結果がアスペルガー症候群と報道され、「発達障害＝犯罪を起こしやすい」というイメージが広がってしまいました。しかし、障害を持つ彼らを取り巻く大人や社会にこそ問題があるのかもしれません。

＊**ビリー・ミリガン**　1977年にオハイオ州立大学キャンパス内にて3人の女性に連続強姦・強盗を働く。彼は本人以外に23人の人格を持つと話題になった。

TOPICS 9

『12人の怒れる男』と『12人の優しい日本人』

1957年に制作されたアメリカ映画『12人の怒れる男』（シドニー・ルメット監督）をご存知ですか。父親殺しの罪に問われた少年の裁判で、12人の陪審員が評決を決めるために一室で議論します。当初は、法廷に提出された証拠や証言が少年にとって圧倒的に不利なもので、陪審員の大半は少年の有罪を確信していました。ところが、1人だけ少年の無罪を主張する陪審員がいたのです。そこで、議論が進められていき、1人、2人と陪審員の意見が変化していきます。そして最終的に少年は無罪となってしまうのです。

日本でも三谷幸喜監督によって『12人の優しい日本人』がつくられました（1991年）。日本で裁判員制度（▶P208）が導入される20年近く前に、日本の陪審員制度を仮定したコメディーでしたが、人が人を裁くことの難しさを表現した傑作でした。

アメリカでは、原則として12人全員一致が有罪には必要とされています。一方、日本の裁判員制度では6人の裁判員と3人の裁判官、合計9人で議論します。そして、多数決で有罪か無罪を決めます。つまり、5：4で有罪が決まる場合もあるのです。これはアメリカの「疑わしきは罰せず」の大原則とは相容れないものです。いずれにしても、議論を尽くしてより適切な判断が行われなければなりません。

第 9 章

犯罪心理学とは

01

犯罪心理学の歴史① ——実証的検証の始まり

アダムとイブの原罪から実証科学を取り入れた研究の始まりへ。

実証的手法を取り入れたロンブローゾ

犯罪心理学とは、**犯罪の実態と、犯罪者と犯罪行動の心理を研究する科学的学問**です。犯罪者とはどのような人間なのかということは、古くから語られていましたが、実証的に検討し始めたのは19世紀後半のイタリアの精神科医**ロンブローゾ**だといわれています。

ロンブローゾは、大勢の受刑者を実際に診察して彼らの体格や身体的・心理的特徴を調査し、それを一般の人々（兵士など）の身体・心理的特徴と比較し、犯罪者には普通の人にはない変質兆候が高い確率で認められるとしました。

「**禁断の果実**」という言葉がありますが、旧約聖書の創世記に、エデンの園にある果樹のうち、食べることが禁じられている木の実をイブが盗み、アダムに分け与えたことから、アダムとイブは楽園から追放されました。ここから「禁断の果実」は「原罪《げんざい》」*のメタファー（暗喩《あんゆ》）として使われるようになりました。このように、人間の本性に関する問題は、従来は哲学や宗教で論じられる観念的なものでしたが、ロンブローゾが**犯罪心理を実証的な手法で明らかにしようとしたことは、犯罪研究のうえで大きな進歩だった**といえます。

生まれながらの犯罪者がいる

ロンブローゾの「**生来性《せいらいせい》犯人説**」は、犯罪を行うのは、**生まれながらにして犯罪者**だとする考え方です。先に述べた人類学的な調査から、

＊**原罪**　キリスト教で、人類の祖先が最初に犯した罪のこと。旧約聖書『創世記』には、アダムとイブが神に背いて禁断の木の実を食べたことが記されている。

生来性犯人説とは

ロンブローゾは、犯罪者には身体上にある種の特徴があるとし、その異常がある人は「生まれながらの犯罪者」であり、「隔世遺伝（先祖返り）」であると考えました。

犯罪者（受刑者）と兵士を観察して比較

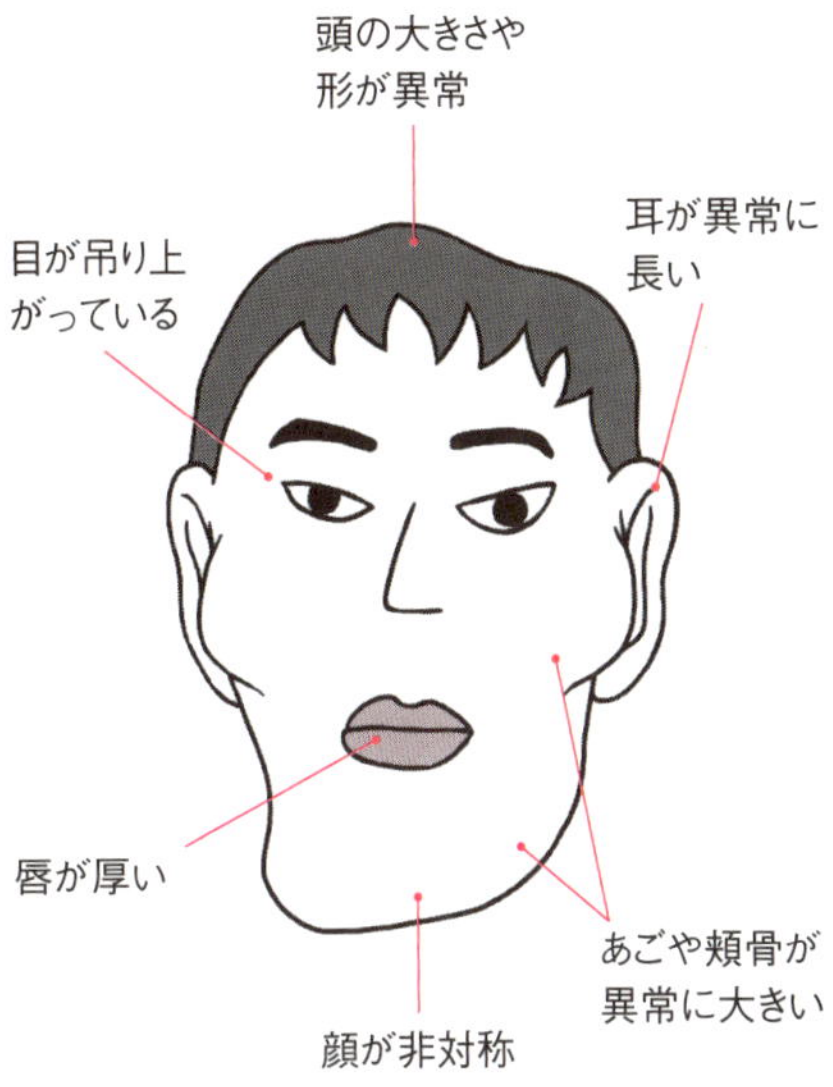

こうした特徴を持つ人は「生まれながらの犯罪者」である。

頭の大きさや形の異常、顔の左右対称、大きなあごと大きな頬骨を持つこと、耳が異常に長い、目の欠陥や特異性など身体的異常を挙げ、こうした特徴を持つ者は生まれながらの犯罪者であると考えたのです。この時代に*骨相学《こっそうがく》が隆盛していたことを考えれば納得もいきます。

しかし、この考え方はあまりに単純で偏った見方であったため、後に多くの研究者たちによって否定されました。とはいえ、犯罪者は生まれながらに特別の存在だとする考え方は、ある意味、現代でも私たちの心の中に潜んでいるのではないでしょうか。

＊**骨相学**　19世紀前半の欧米で大いに隆盛したもので、頭蓋骨の大きさや形を見れば、その人の性格や精神的特性がわかるというもの。ドイツ生まれの医師ガルが創始者といわれる。

02

犯罪心理学の歴史②――体格的に分類

人の性格を体型的類型に当てはめ、犯罪との関連性についても研究。

クレッチマーの体型別性格分類法

ロンブローゾの研究と同様に、犯罪者の個体の研究をしたのが**クレッチマー**と**シェルドン**です。ドイツの精神科医クレッチマーは、人間の体型は性格と関係しているという理論から、人間の体型を3つに分類し、**体型別性格分類法**を提唱しました。そして、体型と犯罪の関係についても言及しています。

背が低く**肥満型**の性格は躁うつ気質で、詐欺罪を犯しやすいとし、背が高い**やせ型**は分裂気質で、窃盗や万引き、詐欺との関連が強いとしました。**筋肉質型**は粘着気質で、暴力犯罪を行いやすいということです。また、この3つの体型に当てはまらない**発育異常型**は、反道徳的な行動や性犯罪と関連しているとしました。

シェルドンの発生的類型論

一方、アメリカの心理学者シェルドンは、クレッチマーの理論を経て**発生的類型論***を唱え、体型を**内胚葉型**《ないはいよう》（消化器系が発達し、丸みを帯びた体型）、**外胚葉型**《がいはいよう》（皮膚や細胞組織が発達し、細身の体型）、**中胚葉型**《ちゅうはいよう》（骨や筋肉が発達し、どっしりとした体型）に分類し、それぞれの性格を分析しました（胎生期の胚葉発達において、どの部位が特に発達しているかによって類型に名前をつけた）。シェルドンは、小さな特殊収容施設の非行少年の体型についても研究を行い、非行少年は中胚葉型が多く、外胚葉型が少ないことを確認しました。

↘の類型論。特性論は、人の性格はいくつかの特性が組み合わさってつくり上げられるという考え方。無理に少数のタイプに分類する必要がないが、性格を直感的に理解しにくい。

体型から性格、犯罪との関連性がわかる？

クレッチマーとシェルドンによる性格類型論は、犯罪との関連性についても言及しています。これらの性格理論は、現在ではそのまま受け入れられてはいませんが、直感的にはわかりやすい説明といえるでしょう。

クレッチマーの分類

肥満型

躁うつ気質。外向的で親切。時には激しく怒ったり泣いたりする。

▼

《犯罪との関係》

詐欺罪を犯しやすい。

やせ型

分裂気質。生真面目で神経質。社交的ではないが、温和。

▼

《犯罪との関係》

窃盗や万引き、詐欺との関連が強い。

筋肉質型

粘着気質。几帳面で、秩序を好み、物事に熱中する。

▼

《犯罪との関係》

粘着気質で、暴力犯罪を行いやすい。

シェルドンの分類

内胚葉型

消化器系が発達し、丸みを帯びた体型。食べることが好きで、愛情欲求が高い。

外胚葉型

皮膚や細胞組織が発達し、細身の体型。繊細で、疲れやすい。

中胚葉型

骨や筋肉が発達し、どっしりとした体型。自己主張が強く、活動的。

▼

《犯罪との関係》

このタイプに非行少年が多い。

＊**類型論**　性格の分類法には大きく分けて類型論と特性論がある。類型論は性格をいくつかの基準によって類型に分ける方法。その代表がクレッチマーの体型別性格分類法やシェルドンの発生的類型論、ユング↗

03

犯罪心理学の歴史③——遺伝と知能

なぜ犯罪を行うのか、遺伝、家系、知能などから解き明かそうとした。

犯罪は遺伝と関連している？

ロンブローゾの生来性《せいらいせい》犯人説（▶P230）に異議を唱えた1人が、20世紀の初めに**犯罪遺伝論**を主張したイギリスの監獄医**ゴーリング**です。ゴーリングは、親子やきょうだいがともに犯罪者である確率が高いとして、**犯罪は遺伝的な特性と関連していると結論づけました**。彼は、さらにその相関は、貧困や家庭環境、教育などの要因よりもはるかに高く、犯罪者を減らすために犯罪者の生殖禁止まで唱えたといいます。

悪い遺伝子は家系にも影響？

遺伝の研究とともに行われたのが**家系の研究**です。犯罪傾向が遺伝するのであれば、当然犯罪者を出す家系も存在するはずです。アメリカの心理学者**ゴダード**は、カリカック（実名ではない）という女性の家系を調査しました。カリカック家の祖先である男性が独立戦争中に知能が低い女性との間に子どもを産ませて単身郷里に戻り、別の女性と正式な結婚をして子孫をもうけました。ゴダードは、この2つの家系の子孫たちを比較し、前者の家系からは劣った人間が次々と生み出され、後者の家系では高学歴者も含めて全員が正常者だったとしました。つまり、**「悪い遺伝子*」は遺伝することをアピール**したのです。

しかし、ゴーリングやゴダードの研究方法論や研究データにはさまざまな問題があると指摘されました。ゴダードのカリカック家の家系研

↘の構築や生命活動に必要なたんぱく質などをつくるための情報が存在する。これを遺伝子という。遺伝子を構成しているDNAの違いによってヒトにさまざまな違いが現れる。

究に至っては、ねつ造説も浮上しました。

知能と犯罪者との関係

ゴダードは、**精神面でも犯罪者には特徴がある**としました。彼は知能検査（フランスの心理学者ビネーが開発したものを改良）を受刑者に実施し、受刑者の70％は知的障害者であると発表。そして、**知的障害者は潜在的な犯罪者である**と結論づけたのです。このように、犯罪者は非犯罪者よりも知能が低い可能性が高いとした学者は当時は多数いましたが、現在ではこの説は誤りであることが立証されています。

染色体異常者は犯罪者が多い？

犯罪と染色体の関係＊も研究されました。ヒトは通常は男性ならＸＹ、女性ならＸＸという性染色体を持ちますが、何らかの原因によって染色体の数が変わってしまい、3個の染色体（ＸＸＹ、ＸＹＹ）を持つ場合があります。このようなケースを染色体異常（クラインフェルスター症候群）と呼びます。双子学級を研究していた**浅香《あさか》昭雄《あきお》**は、**ＸＸＹ、ＸＹＹのいずれも少年鑑別所や少年院、教護院などで見出されると発表**しました。

また、Ｘ成分を多く持つＸＸＹ型は、性格的にも女性的であることから、衝動的な窃盗、性犯罪、放火などが多く、Ｙ成分を多く持つＸＹＹ型は超男性的で、攻撃的犯罪者と関連しているという研究報告をしたものもありました。

しかし、こうした染色体と犯罪を関連づける研究は、後に統計的にもそれほどの差異がないことが報告されました。

このように、当時の犯罪心理学は特に「犯罪者の心理」を解き明かそうとしました。20世紀になると、**社会学的、生物学的側面からも犯罪者の人格分析が行われる**ようになりました。**中でもフロイトの精神分析の確立は、犯罪心理学に大きく貢献**するところとなったのです。

＊**遺伝子、染色体**　ヒトの身体は細胞という基本単位から成り立っている。細胞には核があり、その中に46本の染色体がある。染色体の中にらせん状のDNA（デオキシリボ核酸）が存在する。DNA上には身体↗

04

犯罪心理学が関わること

犯罪捜査だけでなく、犯罪者の更生や、犯行の未然防止にも役立てられる。

犯行時から更生まで関わる学問

犯罪は、社会にとって大きな問題です。そこで、昔からその問題解決のためにさまざまなアプローチが研究されてきました。犯罪心理学もその方策の中の1つといえます。

犯罪心理学は、**犯罪捜査に役立てられます。**例えば、犯人を逮捕するためには、さまざまな証拠を集め、犯行時の状況を判断したりして、犯行の全体像をつかむ必要があります。その全体像をつかむためには、犯人の意図するところ、犯行の目的を探ることが不可欠です。そこに犯罪心理学が一役買うのです。**警察官が持ち合わせていない専門知識を犯罪捜査に提供する**というわけです。

しかし、犯罪心理学の目的は、犯人を逮捕することだけではなく、犯罪（法律で刑罰が定められている行為違反）をなぜ犯してしまうのかといった心理を解明する学問であり、ひいてはその犯罪行為をどうすれば抑止できるかについて研究する学問でもあります。

つまり、**犯罪者が犯行に及んだ理由（心理）を追求し、再び同じような犯罪を行わないようにすること、さらに犯罪者を更生させること**に役立てることが目標といえるでしょう。まさに犯行後から犯罪者の社会復帰までを見届ける、あるいは向き合う学問なのです。

また、すでに行われた犯罪だけでなく、犯罪を犯すことが予測される人（危険因子を多く持つ人）に対して、**犯罪行動を事前に防ぐよう働**

きかけることも、犯罪心理学に与えられた役割でもあります。

社会心理学の要素を多分に含む

そこで、その研究対象は、犯罪行為者の知能や性格、認知構造、思考様式など、個人内部の心理特性だけでなく、**犯罪行為者を取り巻く環境条件なども含まれなければなりません。**つまり、犯罪心理学は、いろいろな学問の分野にまたがって研究されるべきであり、したがって**社会心理学***的な要素を多分に含んでいるといってもよいでしょう。

犯罪心理学の目的

犯罪心理学は、犯罪が発生した場合の犯人逮捕に活用されるだけでなく、未然に犯罪を防ぐためにも活用されます。

犯罪が発生

犯罪行為がなぜ発生したか、どのように行われたか、犯人の心理から究明に当たる。

再犯を防ぎ、犯罪者を更正させるためにも活用される。

↓

犯罪を未然に防ぐ

犯罪を犯すことが予測される人に対して、事前に防ぐために働きかける。

＊**社会心理学**　社会的動物である人間を取り扱う学問。社会的影響下における個人の行動のメカニズムを解明しようとするもの。個人と個人、個人とさまざまな社会の相互作用が研究対象となる。

05

犯罪心理学の範囲は広い

人を扱う学問（人間科学）は、さまざまな形で犯罪心理学に役立つ。

多岐にわたる犯罪心理学

一口に犯罪心理学といっても、その扱う分野は多岐にわたっています。例えば、人はなぜ犯罪を犯すのかという原因を探る「**犯罪原因論**」、発生した犯罪の犯人の発見と逮捕のために活用する「**捜査心理学**」、公判*で行われる被告人の証言が信頼できるものかどうかを考えたり、裁判官の意思決定などを研究する**裁判に関する研究**、裁かれた人が刑務所や少年院で矯正を行う場合に必要な「**矯正心理学**」、さらには被害者のカウンセリングを行う「**被害者心理学**」、犯罪を未然に防ぐための方策を研究する「**予防心理学**」、犯罪を抑止する環境を整備するための「**犯罪環境心理学**」などがあります。

これらの犯罪心理学の土台となるのが、社会と人間の関係を考える「**社会心理学**」（▶P237）です。学習・認知、臨床心理学、発達心理学、心理統計学なども重要な学問となります。

「人間とは何か」を研究する人間科学

ところで、昨今の大学では人間科学部という学部を設置する大学が増えています。**人間科学***とは、「人間とは何か」という問題を科学的に研究する学問で、生命科学、行動科学、生物学、人類学、社会学、心理学、教育学、哲学、医学など、人間自身を対象にした多種多様な学問領域をまたいで研究するものです。

犯罪心理学は、これら人間科学の中でも研究されています。例えば、社会学の中には「**犯罪**

＊**公判**　刑事訴訟において、起訴があって、裁判が確定するまで、裁判所、検察官、被告人（弁護人）が法廷で行う手続き。民事訴訟における口頭弁論に当たる。

社会学」や「**環境犯罪学**」がありますし、法律学の中には「**刑事政策**」や「**被害者学**」（▶P17）もあります。医学には「**犯罪精神医学**」が存在します。

犯罪社会学では、社会学から犯罪現象にアプローチします。この分野では特に非行に関する研究が成果を上げています。刑事政策では、犯罪の予防や犯罪者の更生のための社会制度や法律などを検討します。犯罪精神医学では、精神疾患と犯罪との関連について研究します。精神鑑定（▶P222）を行うのもこの分野であり、医学部でも教育課程に組み込まれています。

犯罪心理学の範囲

犯罪は、さまざまな要件が重なり合って引き起こされます。それだけに犯罪者の心理を解明するには、多種多様な学問が必要になります。

＊**人間科学**　human sciences。自然科学は人間以外の物質や生物などを研究するが、人間科学は人文科学と同義。そもそもは欧米に芽生えた学問で、日本では1976年に私立大学にて人間科学部が発足した。

06

犯罪原因論と犯罪機会論とは

どちらも車の両輪として語られるべき犯罪予防策。

個人の資質と環境要因

犯罪原因論[*]とは、犯罪者が犯行に及んだ原因は何かを究明し、それを取り除こうとする考え方をいいます。この考え方は、「犯罪者は非犯罪者と区別する要因は何かを探す」ことを前提としています。また、個人的な資質だけでなく、居住地域も含めて、広く環境要因を考えます。

例えば、ホルモンや遺伝子など、犯罪の原因を犯罪者の身体に求める**生物学的原因論**、家族や性格、マスメディアの影響など、犯罪者の心に求める**心理学的原因論**、貧困、友人関係、地域特性など、犯罪者が属している社会に求める**社会学的原因論**があります。

これらの差異が原因となって、犯罪者が犯罪者たり得るという考え方は、非常にわかりやすく、馴染みやすいと思われます。

しかし、原因論は、個人の資質に原因があるとしても、それを犯罪に結びつけないようにするにはどうしたらよいか、犯罪を抑止するにはどうしたらよいかといった予防策、解決策にまでは至りません。

環境に原因があるとする犯罪機会論

1980年代以降に、犯罪原因論に代わって欧米で発展してきたのが**犯罪機会論**[*]です。これは、犯罪者とそうでない人との間には大きな差異はなく、内面に犯罪を犯すような性向を持たない人でも犯罪を行う機会さえあれば犯罪を実行し、犯罪を犯しそうな性向を持つ人でも犯罪

[*] **犯罪原因論**　犯行に及んだ原因を究明し、それを除去することで犯罪を防止しようとする考え。仮に原因を究明できてもそれを除去することは困難と認識されるようになった。

を行う機会がなければ犯罪を実行しないという考え方です。つまり、**犯罪が発生した環境（現場）を分析して、そのような環境を除去して犯罪を実行する機会を与えないようにしよう**というものです。

犯罪原因論も犯罪機会論も、**犯罪予防理論**ではありますが、近年は、犯罪の機会を与えないことによって犯罪を未然に防止するという観点に立った犯罪機会論のほうが犯罪予防政策としては取り組みやすく、総合的な防犯対策にもなるとして、防犯環境設計が練られるようになったこともあります。

原因論と機会論の両立も

しかし、この2つの理論を並立させるべきという考え方もあります。その根底には、「犯罪原因論に基づく犯罪対策のすべてが無効であるわけではない。犯罪対策にとって、原因論と機会論は車の両輪である。ただし、日本の犯罪対策は、あまりに犯罪原因論からの視点で語られることが多すぎる」という考えがあるから、より機会論のほうが論じられるようになったのかもしれません。

MEMO OF CRIME 地域安全マップは犯罪機会論を応用

現在、多くの自治体や学校などで「地域安全マップ」がつくられています。これは、子どもたちが普段生活している地域の「危険な場所」「安全な場所」を表示した地図です。このマップは犯罪機会論を応用して犯罪が起こりやすい場所を示したもので、地域社会を点検・診断し、犯罪に弱い場所（犯罪の成功率が高い場所）を洗い出しています。

作成するときは、実際に町を子どもたちにも歩いてもらい、不審者が入りやすい、通行人から見えにくいなどの危険な場所を指導者とともに確認していくと、子どもたち自らが地域の安全について考え、学ぶことができます。

＊**犯罪機会論**　犯罪の機会を与えないことによって、犯罪を未然に防ごうとする考え方。1980年代から犯罪原因論に台頭するように語られ始めた。欧米ではこの考え方で犯罪対策が行われるようになった。

07

捜査心理学とプロファイリング

ポリグラフ検査によるウソの発見から、プロファイリングによる科学的捜査に発展。

ウソ発見器での心理捜査が主流だった

犯罪が発生すると、警察によって捜査が開始され、犯人を突き止め、逮捕し、起訴します。ここに至るまでには、さまざまな事実を明らかにし、起訴するための資料を揃えなければなりません。このプロセスで必要とされるのが、あるいは応用されるのが**捜査心理学**です。

日本における犯罪心理学は、古くは犯人の矯正と、その矯正に関する臨床心理学的な研究を中心として行われてきました。捜査に対する心理学の応用としては、いわゆる**ウソ発見器と呼ばれるポリグラフ検査による虚偽検出***があります。これは、犯人であることの証拠を提供することも、犯人でないことの証拠を提供すること

MEMO OF CRIME

ウソ発見器の証拠能力が問題

日本の警察がポリグラフ検査を犯罪捜査に導入したのは1951年ごろ。容疑者に事件に関する質問をして、容疑者の変化を見る科学的捜査です。ポリグラフ検査の研究は、公開してしまうと犯人に利用される恐れもあるとして、秘密裏に行われました。日本の警察が発展させたPOT（緊張最高点質問法）は優れた検査法でしたが、「部外秘」だったため、評価に至ることはなかったとされます。

ポリグラフ検査結果は、証拠として認められなかった事案も多く、科学的捜査手法とはいえ、まだ特殊な存在といえます。現在は供述内容が信用できるかを判断する目安の１つとして活用されています。

***ポリグラフ検査**　ポリグラフとは、呼吸・脈拍・血圧・皮膚などの複数の生理現象を、電気的・物理的反応を計測・記録する装置のこと。睡眠ポリグラフ検査もある。

もあります。

ポリグラフ検査の研究は、他の捜査に関わる他分野の研究と同様、部分的に部外秘扱いされ、公になることはありませんでした（捜査情報は原則すべて非公開）。日本のポリグラフ検査の技量が高度であったにもかかわらずです。

そして、刑事の勘に頼る捜査方法ではなく、実証的事実の累積となる手法の必要性が要求されるようになりました。こうした手法の1つがプロファイリング*技術です。プロファイリング（criminal profiling ▶P244）とは、**犯罪捜査において、その犯罪の性質や特徴（犯行現場や犯人の行動など）を行動科学的に分析し、犯人の特徴を分析するもの**で、アメリカの連邦捜査局（FBI）で開発・開始されました。日本でも**宮崎《みやざき》勤《つとむ》事件**、**酒鬼薔薇《さかきばら》事件**といった猟奇的連続殺人事件が発生したころから、捜査手法にプロファイリングが利用され始めました。しかし、プロファイリング技術は万能ではありません。

MEMO OF CRIME

猟奇的連続殺人事件、宮崎勤事件と酒鬼薔薇事件とは

通称「宮崎勤《みやざきつとむ》事件」（東京・埼玉連続幼女誘拐事件）は、1989年、宮崎勤がわいせつ事件を起こしているところを父親に発見され、彼が現行犯逮捕されたことから始まります。取り調べ中、連続幼女誘拐殺人事件への関与の供述が始まり、そのとおりに遺体も発見されました。犯行声明を新聞社に送りつけたり、被害者の遺骨を遺族に送りつけるなど、極めて異常な行動が世の中を騒然とさせました。

通称「酒鬼薔薇《さかきばら》事件」（神戸連続児童殺傷事件）は、1997年に当時14歳の中学生が起こした事件です。神戸市内の中学校正門に放置された男児の頭部の口には、「酒鬼薔薇聖斗《せいと》」名の犯行声明文が挟まれていました。その後、第2の犯行声明文が新聞社に届きます。この事件の数か月前、同じ神戸市で小学生女児2名が惨殺され、これも「酒鬼薔薇」の犯行と判明しました。犯人が「普通の中学生」だったことに社会は衝撃を受けました。

***プロファイリング**　名詞のprofileは「横顔」「プロフィール」などを意味する。動詞は「輪郭を描く」「人物像を描き出す」を意味する。犯罪捜査におけるプロファイリングは、犯罪者プロファイリングが正確。

08 FBI方式とリバプール方式

プロファイリング研究は新しい研究や枠組みの提案が次々と行われている。

FBI方式から始まった

プロファイリングは**行動科学的な視点から捜査を支援する手段の1つ**です。犯人を個人特定するのではなく、あくまで可能性の高い犯人像を犯行現場のさまざまなデータから科学的に推測して提示します。

前項でも述べたように、プロファイリングはFBI*（アメリカ連邦捜査局）によって開発されました。多くの殺人事件は、被害者と犯人の間にある金銭関係や愛情問題など、その人間関係に原因があり、そこを探っていけば犯人を割り出すことができます。

しかし、そうした人間関係が存在しないところで起こる「理由なき殺人」「連続殺人事件」などは、通常の殺人事件のような捜査手法では犯人を突き止められなくなりました。こうした背景からFBIが新たな犯罪解決手法の研究を始めたのです。

FBIは、まず、収監中の連続殺人犯の行動と特性を調べ始めました。そして、膨大なデータを分析した結果、一見多様に見える連続殺人犯にもそれぞれに典型的な犯行現場と犯人像が浮かび上がったのです。

このように、犯罪を分析してカテゴリー化することで犯人像を推測する手法を**FBI方式**といいます。

リバプール方式への転換

犯罪者と犯罪行動の事例を綿密に研究し、カ

＊**FBI**　アメリカの連邦捜査局（Federal Bureau of Investigation）。アメリカ合衆国の法執行機関。2つ以上の州にまたがった犯罪はFBIの管轄となる。

テゴリー化して犯罪捜査に役立てる**FBI方式**には問題点も指摘されています。つまり、カテゴリー化して分類できない混合型の事件も多数存在したからです。そこで、混合型の犯罪については、プロファイラー*の経験と勘で補っていく以外にありませんでした。

リバプール大学のカンター教授は、**多数の客観的データを処理して犯罪者の行動傾向を明らかにする数量的研究**を行いました。つまり、**統計的プロファイリング**です。この**リバプール方式**は、犯罪者の特性を特定していく方法で、連続犯罪の分析に広く応用できます。

プロファイリングの3つの手法

犯罪におけるプロファイルは、現在、大きく分けて3つの手法が用いられています。

リンク分析

すでに解決した事件と関連する未解決事件を掘り起こしたり、新たに発生した事件が類似事件と同一犯によるものか否かを推定する。犯罪者プロファイリングや地理的プロファイリングより先に行われる。

犯罪者プロファイリング

犯人像の推定を行う。「特定のパーソナリティや特徴を持つ人は、類似した行動スタイルを示す傾向」などといった人間の行動に関する仮説に基づいて行われる。

地理的プロファイリング

犯行地と犯人の居住地との関連性や連続犯行発生エリアの予測などを行う。

＊**プロファイラー**　プロファイリング（犯罪者のパターンを推論）する専門家をいう。日本では警視庁刑事部捜査支援分析センターがプロファイリングを担当している。

日本にプロファイリングを導入するにあたっては、リバプール方式を採用することとなりました。ちなみに日本におけるプロファイリングは、1988年に起こった宮崎勤事件（▶P243）後、*科学警察研究所防犯少年部環境研究室においてリバプール方式の調査研究が開始されたのが発端です。

現在のプロファイリング手法

プロファイリングの研究はさらに進んで、現在は大きく3つの手法で行われるようになりました。1つは、**リンク分析**という手法です。すでに解決した事件と関連する未解決事件を掘り起こしたり、新たに発生した事件が類似事件と同一犯によるものか否かを推定するものです。もちろん、DNAや指紋などの科学的証拠を入手できればよいのですが、それが不可能な場合は、犯罪行動分析による事件リンクを行います。

2つ目が**犯人像の推定（犯罪者プロファイリング）**です。ここで活用されるのがFBI方式の臨床的プロファイリングやリバプール方式の統計的プロファイリングなどです。

地理的プロファイリングとは

3つ目が**地理的プロファイリング**です。これは、犯罪発生地点の地理情報を基にして、**地理的な情報を推測していく**ものです。例えば、初期犯罪では土地勘のある場所で犯罪を行うことが多いという基本の下、多種多様なデータを比較して、犯人の行動半径と居住地を予測していきます。

環境犯罪学者ブランティンガム夫妻は、犯罪者の住居周辺地域は犯行を決定する魅力的な場所であるとし、日常的な活動領域が潜在的な犯行標的の存在場所であり、犯行後の逃走ルートの確保も容易になるため、犯罪者はこの「安全地帯」に犯行圏を形成すると考えました。

また、地理的プロファイリングの1つに**円仮

*__科学警察研究所__　略称は科警研。国家公安委員会の特別の機関で、警察庁の附属機関。科学捜査・犯罪防止・交通警察に関する研究や実験、証拠物などの科学的鑑識や検査を行っている。

説があります。例えば、犯罪現場に見立てた複数の地点を地図に書き込み、その地点から最も離れている2つの犯行地点を探し出し、その距離を直径とする円を描きます。その円の中にすべての犯行地点が含まれ、犯人の住居も存在すると仮定するのが円仮説です。

さらに現在では、空間情報の管理や地点間の距離計測を効率的に行う地理分析支援ツールも開発されています。

そのほか、プロファイリング研究は、犯人の特性に応じた取り調べ技術や人質交渉術などでも行われています。

円仮説でプロファイリング

地理的プロファイリングのうちでも、犯罪者の活動空間と住居の簡単に推定できる方法があります。それが円仮説です。実際にやってみましょう。

1. 自宅周辺の地図、定規、コンパスを用意する。

2. 複数の犯罪現場を地図に書き込む。

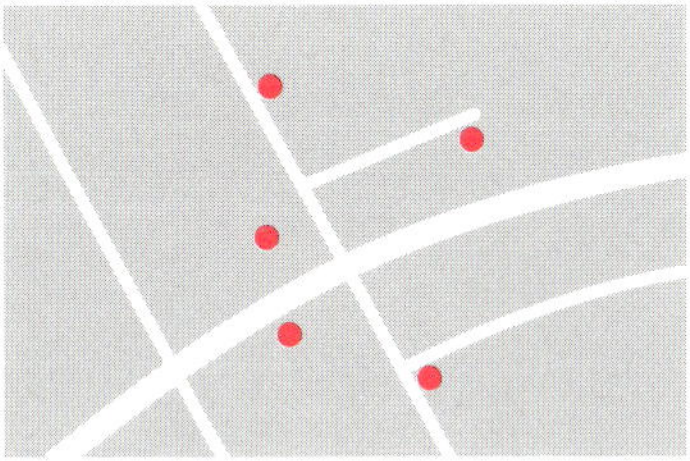

3. 地図に書き込んだ複数の地点の中から、最も離れている2つの犯行地点を探し出し、その距離を直径とする円を描く。

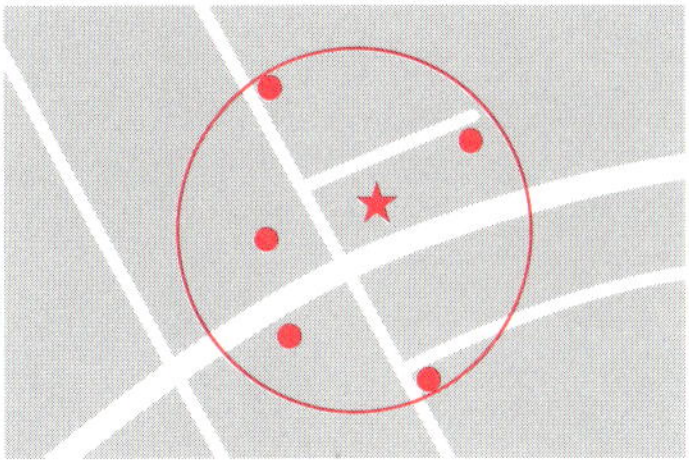

★……犯人の住居

円仮説では、その円の中にすべての犯行地点が含まれ、犯人の住居もその中に存在していると仮定できる。

09

刑事裁判に関わる研究

被疑者や目撃者の証言の信頼性や制度そのものについての心理学的研究も。

証言の信頼性や精神鑑定にも関わる

裁判とは、裁判所あるいは裁判官が法定の形式で判断を下すことで、**犯罪を行ったと嫌疑をかけられた被疑者*については刑事訴訟法に則って刑事裁判が行われます**。

刑事裁判とは、大まかにいえば、検察官が起訴状（被告人*は誰か、被告人はどんな悪いことをしたか、それは何の罪に当たるかなど）を読み上げ、検察側と弁護側がそれぞれの立場から証拠を提示して、その事実を認定し、裁判官が判決を下すものです。そこで犯罪心理学では、裁判において量刑判断に影響する要因も研究します。

その中には、被告人の自白を含む供述証拠や証明力に関する**供述心理学**、裁判での心証形成過程を解明しようとする**裁判過程論**なども含まれます。

また、**目撃者や被疑者が行う証言の信頼を査定したりするのも犯罪心理学の役割**です。中にはウソをついている人もいるかもしれませんし、記憶違いや勘違いをしている人もいるかもしれません。特に、子どもや高齢者、知的障害者や精神障害者などが証人であった場合は、その証言がそれだけ信頼できるものであるかを査定することは非常に重要なことなのです。

また、**犯人（被告人）に責任能力があるかどうかを鑑定する精神鑑定**（▶P222）は、精神医学の分野ではありますが、裁判心理学の研究分野でもあります。

＊**被疑者、被告人**　被疑者とは、捜査機関から犯罪の疑いをかけられ、捜査の対象となっている人で、起訴はされていない。被告人は検察官から起訴された人をいう。

裁判員制度、裁判員の心理

また、日本では２００９年から始まった**裁判員制度**（▶P208）によって一般市民が裁判に参加するようになったため、その制度がうまく機能するのか、あるいは機能させるためにはどうするべきかなどの研究も必要になってきました。裁判員自身の心理的状況についても慎重な対応が求められるため、さまざまな観点からの研究がなされています。例えば、裁判員には、適切に証拠を評価できるか、公正に判断できるかなど、陥りやすい問題が多々あります。

裁判に関わる研究

裁判に関わる研究では、刑事裁判の一連の流れに関わる心理学的問題を取り扱います。そのおもな内容を紹介します。

裁判のプロセスの研究

1 裁判官の意思決定について

裁判官が出す判決はどのように考えて出されているか。

2 判員に関する心理学

・裁判員制度をうまく機能させるためには。
・裁判員は適切な結論を導き出せるか。
・裁判員が抱える心理的負担など。

証言の信頼性

目撃者、被疑者、被告人の証言の信頼性を査定。

精神鑑定

犯人に責任能力があるかどうか鑑定する。精神医学が専門分野。

10 犯罪者矯正のための矯正心理学

犯罪や非行性を解明し、個々の犯罪者や非行少年を立ち直らせるために必要。

矯正職員に必要な心理学

犯罪を行った人や非行少年を収容し、改善・矯正のために各種プログラムを用意している施設を**矯正施設**＊といいます。矯正施設で働く矯正職員は、収容者たちの秩序ある共同生活を送ることができる環境を確保し、さらに収容者たちが改善更生に向かうように働きかけなければなりません。それがひいては社会や市民を犯罪から守ることにもつながります。このような責任を矯正職員が遂行するためにも**矯正心理学**が必要になってきます。

つまり、矯正心理学とは、**個々の犯罪者や非行少年が行う犯罪や非行性を解明し、矯正の場を利用して、犯罪者や非行少年の改善・矯正のために科学的技術や理論を提供する学問**といえるでしょう。

矯正施設は、少年関係の場合は少年鑑別所と少年院があり、成人関係では拘置所と刑務所があります（▶P210、212）。それぞれの施設の中で矯正心理学が生かされ、実際の心理判定や心理処遇が行われます。

犯罪者の立ち直りを支援する

矯正心理学は、大きく2つに分類されます。1つ目は**アセスメント**＊（評価、査定）で、犯罪者や非行少年の心理状態をアセスメントし、適切な処置方法を検討します。具体的には、知能テストや性格テスト、行動観察、面接などを行い、**犯罪者や非行少年の心理特性を明らかにして**

＊**矯正**　矯正とは、刑務所や少年院で犯罪を行った者を社会的に立ち直らせるように働きかけること。更生は、犯罪者や非行少年を社会の中で保護し、立ち直らせていくこと。

いきます。この結果が、少年審判や少年院などの処遇計画に利用されます。

２つ目は**カウンセリングと心理療法**です。犯罪者や非行少年に、犯罪の重さを認識させ、カウンセリングしつつ、再び罪を犯さないようにサポートしていきます。

一方、「矯正」ではありませんが、刑務所や少年院を出所した者の再犯・再非行防止のサポートも重要とされています。補導されたり家出したりした少年の居場所づくり、活動できる場所づくりを通じて、非行防止、補導活動などを支援していきます。

矯正心理学とは

犯罪者や非行少年を矯正させ、健全な市民として社会復帰させることを目的とする心理学です。その内容は大きく3つに分けられます。

アセスメント

犯罪者や非行少年の心理状態をアセスメントし、適切な処置方法を検討する。この結果が、少年審判や少年院などの処遇計画に利用される。

カウンセリングと心理療法

犯罪者や非行少年に、犯罪の重さを認識させ、カウンセリングしつつ、再び罪を犯さないようにサポートしていく。

再犯・再非行防止のサポートも大切

補導・家出少年などの保護、居場所づくり、活動できる場所づくりをする。また、薬物の恐ろしさや福祉犯罪の危険性を広報するなど、社会環境づくりを目指す。

＊**アセスメント**　ある事象を客観的に評価することで、矯正心理学においては、心理的な状態や性格、知能について調査・評価することを指す。環境アセスメントとは、環境影響評価のこと。

さ

INDEX 用語さくいん

あ

か

内山 絢子

●監修者紹介

［うちやま あやこ］

東京教育大学卒業。科学警察研究所研究官から、2002年4月より目白大学人文学部を経て、2007年より目白大学人間学部心理カウンセリング学科教授。おもな著書に『女性犯罪』（共著／立花書房）、『犯罪学』（共訳／東京大学出版会）、『ファミリー・バイオレンス』（共著／尚学社）、『児童虐待と現代の家族』（共著／信山社出版）などがある。

●イラスト——今井ヨージ　平井きわ　渡辺コージ
●デザイン——八木孝枝（株式会社スタジオダンク）　高橋千恵子
●DTP——中島由希子
●編集協力——有限会社ピークワン

面白《おもしろ》いほどよくわかる！　犯罪心理学《はんざいしんりがく》

●監修者——内山 絢子
●発行者——若松 和紀
●発行所——株式会社西東社《せいとうしゃ》
〒113-0034 東京都文京区湯島2-3-13
電話　03-5800-3120（代）
URL　https://www.seitosha.co.jp/

ISBN978-4-7916-2136-1